DER RADRENNFAHRER UND SEIN SCHATTEN

Eine kleine Philosophie des Straßenradsports

Olivier Haralambon

DER RADRENNFAHRER UND SEIN SCHATTEN

Aus dem Französischen
von Christoph Sanders

covadonga

Die Originalausgabe dieses Buches erschien unter dem Titel »Le coureur et son sombre« bei Premier Parallèle, Paris. Diese Ausgabe erscheint gemäß einer Vereinbarung mit dem Originalverlag Premier Parallèle unter Mitwirkung von L'Autre Agence, Paris, als seinem rechtmäßig bestellten Vertreter.

Olivier Haralambon: Der Radrennfahrer und sein Schatten – Eine kleine Philosophie des Straßenradsports.
Aus dem Französischen von Christoph Sanders.

Covadonga Verlag, Spindelstr. 58, D-33604 Bielefeld
ISBN (Print): 978-3-95726-028-4 / ISBN (E-Book): 978-3-95726-030-7

Coverfoto: Stéphane Guitard / Porträtfoto: Claire Moliterni
Druck: CPI Ebner & Spiegel, Ulm

Bibliografische Information der Deutschen Nationalbibliothek:
Die Deutsche Nationalbibliothek verzeichnet diese Publikation in der Deutschen Nationalbibliografie; detaillierte bibliografische Daten sind im Internet über http://dnb.dnb.de abrufbar.

Covadonga ist der Verlag für Radsportliteratur.
Besuchen Sie uns im Internet: *www.covadonga.de*

Für Katia,
die den Schatten vertreibt

…mich packte der Schweiß:
Feuerbälle willst du schauen, rot glühende Boliden?
Da stehen und lauschen, dem Summen von milchig weiß
strömenden Sternen und den schwärmenden Asteroiden?

Arthur Rimbaud, *L'Homme juste*

Inhalt

Mein Begleitschatten

Mehr als an jedem anderen Tag geschieht es sonntagmorgens. Zur Stunde der Frühmesse begegnet man diesen kleinen wandelnden Kirchen, die es offensichtlich eilig haben, zum Stadttor hinauszukommen. Gruppen von Rennradfahrern, die noch vor Tagesanbruch und bei jedem Wetter ausfahren. Es ist meist nicht leicht, diese Männer und wenigen Frauen zu verstehen, deren auffällige Aufmachung jeder Körperfalte folgt; ehrlich gesagt liegt sie so eng an, dass sie nur geschaffen scheint, Unvollkommenheiten des Körpers herauszustreichen. Man wundert sich über ihre Silhouetten, die sich über die Fragilität schmaler Felgen beugen. Man weiß nicht so recht, ob ihre Körper den Schatten folgen oder umgekehrt und wer von wem geformt wird. Der Anblick ihrer Kopfbedeckungen und überdimensionierten Brillen belustigt.

Wer nicht vom Radsport ergriffen ist, dem bleibt er letzthin fremd. Häufig ruft die Erwähnung des Begriffes einige berühmte Namen hervor, manchmal ordnet man ihnen sogar antiquierte Spitznamen zu, die körperlos bleiben wie Apostel in einem Gemälde. Jacques Anquetil, Louison Bobet, Raymond Poulidor hatten sicher ein Gesicht, aber das kennt man nicht mehr. Ebenso wenig würde ein Gymnasiast Balzac oder Flaubert auf einem Foto wiedererkennen. Vergessen ist auch, dass Eddy Merckx noch schöner war als Elvis Presley.

Nur der allgegenwärtigen Tour de France gelingt es manchmal, einen hinteren Platz im komplexen Geflecht unserer Erinnerung einzunehmen. Es ist in der Tat nicht möglich, der Imprägnierung durch die Tour zu entkommen, wenn man Französisch zur Muttersprache hat. Doch nicht selten lässt sich das, was man von ihr weiß, in ein paar Floskeln zusammenfassen. Der Radsport und die Tour bilden einen Teil des Juli-Hintergrundes, so wie die Farbe des Himmels oder des Sandes, die lang ersehnte Sanftheit des Windes, der einem um die Nase weht oder lautlos das trockene Gras kräuselt. Hintergrundgeräusch ist der Fernseher, vor dem man sich an den heißen Stunden des Nachmittags in jalousiengefiltertem Licht räkelt. Wem ist es nicht schon passiert, während einer Tour-de-France-Etappe einzuschlummern?

In den Augen vieler bleiben Radrennen ein schrecklich eintöniges Ereignis. Stunde um Stunde der Wiederholung einer immer gleichen Bewegung zuzusehen, die in zehntausendfacher Einförmigkeit abläuft, entbehrt jeden Interesses. Selbst wenn man bemerkt, dass sich der Rhythmus ihrer Beine ändert, dass sie manchmal spektakulär beschleunigen, reihum aus dem Sattel gehen, ein Stück weit im Wiegetritt fahren und sich dann wieder setzen, auch wenn man die Steilheit einiger Anstiege kennt und sich die Pupille angesichts der Geschwindigkeit weitet, mit der sie bewältigt werden, ist man der Anstrengungen doch bald überdrüssig. Hat man lang genug ungläubig staunend, mit zwischen Respekt und Mitleid wechselndem Gesichtsausdruck, am Schauspiel ihrer Qualen teilgenommen, wendet man den Blick ab und widmet sich lieber etwas anderem.

Pedalieren gilt als die mechanischste aller Übungen. Eine Bewegung, die jeder beherrscht, sobald er als Kind gelernt hat, auf zwei Rädern das Gleichgewicht zu halten. Ist es nicht das Rad, das in gewisser Weise die Pedale bewegt, reicht es nicht, der eindeutigen, fast unveränderlichen Bewegungsrichtung zu folgen, die die rotierende Kurbel einmal vorgegeben hat? Man erzählt sich sogar, diese stumpfsinnig dem Räderwerk der Maschine aufgezwungene Arbeit sei lediglich das Werk von Radprofis auf Drogen. Was ist daran noch zu bewundern, worüber sollen wir noch staunen, wenn sogar der Wille mechanisiert wurde und alle Anstrengung nur Täuschung ist?

Tatsächlich gibt es auf diese Fragen auch Antworten. Es sind sogar sehr viele – die aber sind so facettenreich und tiefgründig, dass man unweigerlich vor der Mühe zurückschreckt, sie alle aufzuzählen. Als Kinder einer Epoche, die von der seriellen Reproduktion des Gleichen besessen ist und fast manisch alles einer Objektivierung unterwirft, sind Sportkommentare in einer Reihe von Klischees erstarrt, die den Radrennfahrer in einer zumindest ungelenken Schwarzweiß-Malerei einsperren (hier die Verdienstvollen, dort die Betrüger) und einige schematisierte Rennverläufe katalogisieren, die beliebig wiederverwendbar sind. Diese systemische Komponente erzeugt mit ihrem Jargon einen Code, der darauf zielt, Eingeweihte und Willige zu vereinen, hilft aber nicht im mindesten, die Neugier des Novizen zu wecken – im Gegenteil: Das Resultat ist eine Abschirmung. Da vernimmt man vage etwas von »Sprints«, von »Kletterern« und »Ausreißern«, ja, sogar von »Windkanten« und »Belgischem Kreisel«, und man staunt über die Ausdrucksformen. Von Radrennen versteht man danach immer noch nichts, geschweige denn, dass man im Rennen etwas erkennt und es durchschauen könnte.

Ich dagegen habe den verhängnisvollen Biss schon früh empfangen. Noch vor dem Stimmbruch begann ich,

Rennrad zu fahren, und ich bestritt Rennen, bevor der sexuelle Appetit die Welt auf den Kopf stellte. Manchmal habe ich unter den kleinen Verachtungen gelitten, immer aber unter dem Unverständnis, das man meinem Zeitvertreib entgegenbrachte, der bald zum Mittelpunkt meines Lebens wurde, dessen Ausmaß von allem Besitz ergriff und meinen Alltag völlig vereinnahmte.

Jetzt aber, nachdem meine Existenz ein wenig vorangeschritten ist und ich zu den strengen Vorschriften und fast sektiererischen Regeln, die mein Leben damals bestimmten, gewissen Abstand gewonnen habe, will ich diesen Weg noch einmal beschreiten. Ich würde mir gerne etwas bewusst machen, oder vielmehr möchte ich mich noch einmal all der Verzauberungen annehmen, die mir zuteilwurden, während ich über Jahre nur mit Radrennfahrern verkehrte, nur mit ihnen lebte, nur wie sie lebte, um schließlich *ad vitam* einer von ihnen zu sein.

Merkwürdigerweise hat dieses Rad, das so viel Leiden mit sich bringt, mir gleichzeitig die optimistischste Perspektive aufgezeigt, in der ich mich je einrichten konnte. Natürlich habe ich es geliebt, auf dem Rad zu sitzen und in die Pedale zu treten und mich neben dem Dämon meines Schattens zu verausgaben – er war mein Haustier, das mir in die Waden biss, sobald die Sonne ihm die Gelegenheit dazu gab, und ich habe es wild über zehntausende Kilometer mitgeschleppt, ohne dass es jemals von mir gelassen hätte. Ich habe geschwitzt, gespuckt, geweint und gelacht, genossen, gesabbert und manchmal auf den Asphalt und in die Landschaft geblutet. Ich habe mein Rad und die Radrennen heftig geliebt, weil sie mir eine Art Vertrauen zur unermesslichen Größe des Lebens gegeben haben, ein Vertrauen in die Vertikalität der Zeit. Ohne dies hätte ich sonst niemals die geringste Ewigkeitserfahrung gemacht – nicht die Erfahrung einer mythologischen, sondern die einer gelebten Ewigkeit.

Sicher, im Laufe der Jahre und mit fortschreitendem Training habe ich mich auch von meinen eigenen Fähigkeiten blenden lassen. Nie hätte ich als Kind geglaubt, dass meine Beine eines Tages so viel Glut und Kraft ausstrahlen könnten. Manchmal ging es so weit, dass ich mich für schier unermüdlich hielt und für unempfindlich gegenüber Schmerzen – lange Ausfahrten auf leeren Magen, Steigungen, die man hundertmal bezwingt, sengende Hitze.

Aber gerade weil es genau dort auftauchte, wo ich es am wenigsten erwartete, kann das Rad, von dem ich rede, ein vielleicht unverhofftes Interesse erwecken. Durch das Rennrad, durch eine unermüdliche, fast verzweifelte Ausübung des Radfahrens (nie ist die Hoffnung größer als kurz vor der Verzweiflung), wurden mir die Eckpfeiler des Daseins offenbart. Vieles von dem, was ich eigentlich von den Älteren, meinen Lehrern, der Schule oder den Büchern erwartet hätte, lernte ich durch das Radrennfahren und meine Radfahrerkollegen. Die Vorstellung, die ich mir vom Körper und von der Zeit machte (die Ewigkeit erwähnte ich bereits), meine Fähigkeit, Angst und auch die zersetzenden Folgen der Melancholie niederzuringen, doch vor allem und über allem die Vorstellung, die ich mir von der Intelligenz der anderen machte. Die besten Rennfahrer nämlich – und das ist kaum bekannt und liefert gleichzeitig einen fehlenden Schlüssel – zählen zu den intelligentesten, subtilsten Vertretern der menschlichen Gattung. Selbst wenn sie sich fast immer vom Gegenteil überzeugen lassen und ihre eigene Feinfühligkeit komplett verleugnen. Ich habe mich den Tatsachen gebeugt: Lesen bildet, macht aber nicht schlauer, das Radrennfahren schon. Einem Radrennen ist die Tugend der Enttäuschung eigen. Man denkt, nichts sei einfacher oder selbstverständlicher, als ein Pedal zu bewegen, und Radrennen liefen wie eine Wiederholung von *Modern Times* ab, nur ohne Chaplin und bar jeder Poesie. Man ahnt beispielsweise nicht, dass schiere Kraft und Geschwindigkeit zwei grundverschiedene Dinge sind. Dass ein Pedal mehr umsponnen und gestreichelt wird, als einfach nur niedergedrückt. Dass man, um diese Anstrengung durchzustehen und den Schmerz ertragen zu können, gelernt haben muss, diesen nur zu streifen; es ist, als lupfe man mit dem Pedal den Deckel vom Schacht des Schmerzes, um ihn dann in der Schwebe zu halten, während diese Bestie dort unten um sich schlägt und alles zu vernichten droht.

Ich wiederhole es: Eigentlich sehen Sie nichts. Sie halten sie für Rohlinge, dabei sind sie sensibel wie Tänzerinnen und feinsinniger als manche Schriftsteller. Denn anders würden sie nicht vorankommen. Nur ist ihre Körpersprache nicht leicht lesbar, da man den Regeln der Erscheinung nach glaubt, ihre Körper würden von ihren Maschinen eingezwängt, weshalb man überzeugt ist, ihr Bewegungsraum sei eingeschränkt und verengt. Als Kinder der Emphase und der weitschweifigen Bewegung erkennen wir nichts, da ihnen die Gestik fehlt. Ich selbst war noch ein Kind, das vor dem Fernseher hockte, als Hinault Weltmeister wurde, indem er sich an der Côte de Domancy geradezu zerriss. Es sollte Jahre dauern und viele Enttäuschungen brauchen, um zu begreifen, wie viel Finesse sich in diesem Körper hinter einem räudigen Blick und der struppigen Haartolle verbarg.

Die Kolosse, die am besten gewappnet sind, dem Wind und dem miserablen Kopfsteinpflaster der Rennen im Norden zu trotzen, sind ballerinesker Zartheit fähig; Paris–Roubaix und die Ballettkleider von Repetto ziehen in die gleiche Schlacht! Aber das scheint niemand zu wissen. Man hat große Texte zum Tanz und zum Körper verfasst – ich denke an Paul Valéry. Auch über Radrennen, sicher, da war der wundervolle Antoine Blondin und viele andere in seinem Fahrwasser. Aber eine zu strahlende Darstellung hat häufig die Schattenseiten überbelichtet und dabei oft das Absolute, das Entgrenzte der radsportlichen Praxis ausgeblendet, bei der das Training eine Form der Askese und die Höchstleistung zu einer Art Gnosis wird. In den meisten Fällen werden die herausragenden Großtaten der Champions im naiven Licht reiner Affirmation gefeiert – schlimmer noch: nur als Erfolge –, ohne zu ahnen, wie sehr sie von ihrem Weltschmerz, ihrem *taedium vitae*, angetrieben sind. Das Radrennfahren wird nur noch anhand grober moralischer Raster bewertet und, in Verleugnung des Offensichtlichen, mit naiven, pseudowissenschaftlichen Erklärungen abgehandelt: Wenn diese Männer Irrwege beschreiten (besonders im Doping), dann sündigen sie meistens »aus zu heftigem Verlangen, sich mit Gott zu vereinen«, und weil »das Schlechte das korrumpierte Gute ist«. Ironischerweise wird ihnen etwas vorgeworfen, was eigentlich verziehen werden sollte. Kurzum, man liegt meilenweit daneben.

Radrennen sind etwas zu Großes und Lebendiges, um zu einem wissenschaftlichen Untersuchungsgegenstand eingeschrumpft zu werden. Und vor diesem Rätsel will ich mich nun verneigen. Seine Lösung erfordert letztlich nur innere Einkehr, und darum ist alles, was ich, außer ein wenig Nachsicht über meine Selbstgefälligkeit, in der ersten Person zu sprechen, vom Leser verlange, mich zu begleiten; denn ich will vor ihm meinen Schädel öffnen. Die Hirnschale ist der einzige Ort der Leistung, dort wird ihre Welt erzeugt, entworfen und gestaltet.

Tänzer, Artisten und Seeleute, Schriftsteller, Toreros und Poeten, Handwerker und Arbeiter, Mystiker und Asketen, was auch immer Sie wollen, aber keine Sportler.

Vergessen Sie den Sport.

Flacher Kosmos

Er war winzig und das Rad sehr groß. Schon schlug es ihn in seinen Bann. Jedem Gefühl von Zeit und Raum enthoben, Hände in Kopfhöhe, ließ er die seltsame Maschine ein paar Zentimeter zurücklegen – vielleicht wagte er auch einen vollen Meter? Sofort drang das Klackern in ihn ein, als fielen die Kugeln des Freilaufs einzeln auf sein Trommelfell, irgendwo dort auf dem Grund seiner aufgerissenen, runden Augen. Ein Schaudern lief ihm über den Kopf, und um ihn zu schützen, zog er ihn leicht zwischen die Schultern. Die unglaubliche Winzigkeit der Berührungspunkte mit dem Boden und die Labilität eines Gleichgewichts, das nur durch Geschwindigkeit und rasche Bewegung zustande kommt, reichten, einen Riss durch die Welt gehen zu lassen.

All unsere Geburten beruhen auf einem Vergessen. Manche Spalte und Risse, durch die wir uns zwängen und dabei das Hindernis unserer Körperlichkeit mitziehen, verschließen sich für immer. Wir können das fallende Laub hinter unserem Rücken nicht mehr sehen, während wir noch den Flug der Blätter spüren. Schon muss man auf den nächsten Schritt achten.

Es gibt meiner Meinung nach keinen Radrennfahrer, der diese Verblüffung nicht durchlebt hat. Der nicht imstande ist, hunderttausende Kilometer später und im Augenblick seines letzten Atemzugs die Spur dieses Zaubers in den Windungen seines Gedächtnisses nachzuverfolgen.

Ich kenne keinen einzigen Radrennfahrer, der nicht irgendwann im Lauf seiner Karriere regelmäßig das Bedürfnis verspürt hat, wie beim ersten Mal vor dieser Vollkommenheit niederzuknien. Selbst wenn man jahrzehntelang im Bad der seichten Unterhaltung von (Fernseh-)Bildern eingetaucht war, denen die Inszenierung radsportlicher Tragödien so viel verdankt, ist es nicht möglich, das weißglühende Gleißen dieser Szene anders als mit zusammengekniffenen Lidern wiederzuerleben. Das erste Rennrad (es gibt kein anderes Rad als das *Renn*rad), dem man begegnete, konnte nicht anders, als im Strahlenkranz von einem lichtdurchfluteten Himmel herabgestiegen sein.

Wie im Traum sehe ich noch an manchen Sonntagen meiner frühen Kindheit im Licht eines Zimmers, eines Flures oder Kellers Staubkonstellationen zwischen Rahmen und Speichen wirbeln. Lichtklingen, die den

Raum zerteilen. Und ich spüre noch die Kontraktion dessen, was in mir noch an Waden eines Kindes steckt, wie ich mich ohne zu zittern auf den Fußspitzen aufrichte, und dort oben, auf der salzigen Oberfläche des Sattelleders, fühle ich noch das Gewicht meiner Hand ruhen. Als sie auf das kalte Rohr der Maschine zurückfällt, folgt sie langsam deren Rückgrat und dem übrigen Skelett bis in die feinsten Knöchelchen. Dieses Rad, das ich meine und das mir eines schönen Morgens die Augen öffnete, zieht mir bis heute den Gaumen zusammen – unablässig öffneten und schlossen sich meine feuchten Handflächen um seinen Körper, streichelten die eckigen Rundungen des mageren Stahlgestells. Es war ein Mercier. Die weißen Buchstaben stachen aus einem tiefen Rosa hervor, einem fleischfarbenen Rosa, dessen Geschmack und Geruch ich jetzt noch spüre. Heute frage ich mich oft, wo es geblieben ist, nachdem es schon so lange Zeit weit entfernt von mir gelitten und anderen Belastungen ausgesetzt war. Ich stelle mir die Risse und Blasen seiner lackierten Oberfläche vor.

Auch weiß ich, dass der blöde Plastiknuckel, der die am Rahmen eingehängte Trinkflasche verschließt, mir gleichsam einverleibt ist – ein gewissermaßen archaisches Element meiner Sexualität: Durch diese Öffnung nahm ich den größten Teil des Wassers auf, aus dem ich bestehe. Mit geneigtem Kopf habe ich diese zuckerverklebten Plastikflaschen wie Brüste gepresst, wobei meine Augen nie die Straße und ihren Verlauf aus dem Blick verloren. Ich bestehe aus Wasser, das von der groben Körnung der Straße durchgerüttelt wurde. So kann man nicht stillhalten. In mir gibt es nicht den kleinsten Winkel stillen Wassers. Jeder Radrennfahrer besteht aus einer Brandung.

Tausende Male wurde versucht, die Poesie dieses Gegenstandes zu beschreiben, der aber widersetzt sich; tausende Male hat man mit dem Finger auf den Halo gedeutet, der diesen kleinen flachen Kosmos umgibt. Man hat mit dem Mikroskop – keine Vergrößerung reicht dazu aus – die Feinheiten dieser besteigbaren Galaxie dargestellt. Man weiß, dass jeder Punkt der Felge ein Satellit der Nabe ist, genau wie die 53 Zähne des Kettenblatts jene der Tretlagerachse, dem Ursprung des gesamten (Planeten-)Systems. Und man weiß, dass die Pedale am äußersten Punkt der Kurbel eine weiter entfernte Umlaufbahn beschreiben, welche wiederum ein lebender Fuß bewegt, der, nur eine Sohlendicke entfernt, die unvollkommene Ellipse seiner eigenen Umlaufbahn beschreibt. Die über eine Kette verbundenen Kettenblätter und Ritzel und die von den Füßen gezogenen Pedale beleben sich samt den Rädern und entreißen das Zusammenspiel der Kreisbahnen der Reglosigkeit. Schon wird der menschliche Körper angesprochen, dessen durch Gelenke verbundene Gliedmaßen sich diesem gleichermaßen komplexen wie zyklischen System hinzufügen. Dieser Ruf wühlt den Magen des Rennfahrers in heftiger Liebeswallung auf.

Dem Rad ist etwas Animalisches eigen: Wie gern verdreht man Lenker zu Hörnern und Sättel zu Schädeln, wenn man sie nicht gleich als Trophäen an die Wand hängt. Sein Skelett übrigens ist wie das der Vögel voller Luft. Masse ist ihm verhasst, der Hohlkörper seine Daseinsform. Es stützt sich auf starre Rohre und auf elastische Röhren, die sich um Laufräder wickeln, was Geschmeidigkeit und Lautlosigkeit garantiert. Die unter Druck in Kammern eingeschlossene Luft sichert eine dauerhafte Verbindung zum Boden und eine sanfte mit der Welt. Als Kind des Geistes ist das Rad zudem ein mageres Geschöpf. Die Armut liegt in seinem Wesen, da nichts an ihm überflüssig ist. Und wenn es entblößt wirkt, dann deshalb, weil seine Form endgültig und nicht mehr zu verbessern ist.

In unseren Tagen gibt es kaum mehr echte Rahmenbauer, geschweige denn Räder, die deren sanfte Berührungen in sich tragen. Der sagenhafte Marcel Borthayre ist tot und mit ihm all seine Kniffe und Rituale – er, der jeden Morgen bei Arbeitsbeginn die einzuspeichenden Räder nur mit den Fingerrücken berührte, »um sie nicht zu erschrecken«. Und vor ihm sein Vater, der die Sättel der Champions zuschnitt und umformte, nachdem er das Leder wochenlang unter einem Baum im Garten vergraben hatte oder mit Wein und Salbei tränkte, auf dass es genährt und geschmeidig werde. Nein, heute entsteht die fabelhafte Maschine in einem industriellen Prozess, bei dem Entwurf und Herstellung getrennt sind. Ihre Gestalt verdankt sie dem Konstruktionsbüro auf der einen Seite und kleinen Helfern auf der anderen, die sorgfältigst kleine schwarze Gewebeschichten in eine Form legen, denn inzwischen werden Rahmen aus Carbon gefertigt. Aber Fasern, Verbundwerkstoffe und die Massenproduktion, die das Handwerk hinwegfegten, konnten nur die Außenhülle des Rades verändern. Eine unerhörte Zahl von Verbesserungen wurde diesem Gegenstand zuteil, dessen Wettkampfgewicht heute nur noch sechs bis sieben Kilo beträgt und der dennoch unnachgiebig dem dumpfen Antritt sprintender Kolosse widersteht, dessen Gangwechsel sich nun mit dem trockenen Schnarren elektronischer Schaltwerke vollziehen, dessen Felgen inzwischen die Höhe von Schutzschilden erreichen und den Wind zerteilen… – all die Neuerungen aufzuzählen, würde einen eigenen Band füllen. Aber nach wie vor ist es das Zusammenspiel der Linien, vor dem ein Radrennfahrer mit gefalteten Händen auf die Knie geht. Verändert man nur ein Detail, senkt man beispielsweise die Sattelnase um nur einen Zentimeter oder versetzt man leicht die Stellung der Bremshebel, so zerfällt alles, die Erotik verschwindet und übrig bleibt nur das technische Gerät.

Als Jugendlicher, zur Zeit meiner ersten Rennlizenzen, ließ ich mein Rad in meinem Zimmer schlafen. Um es zu wienern, hatte ich es auf eine Art Stativ gestellt, das ich von meinem Bett aus bewegen konnte. Wenn ich mich hinlegte, konnte ich es mit den Zehenspitzen anstoßen und im blendenden Gegenlicht hob sich sein Schattenriss hervor, erzeugt von einer blanken Glühbirne, die die Stofflichkeit der Zimmerdecke durchbrach. In einer langsamen Kreiselbewegung senkte es sich auf mich herab, auf einer Matratze hypnotischer Wolken, die durch die Vervielfachung der Lichtbögen erzeugt wurde, und ich taumelte langsam in meinen Schlummer. Dann ergriff ich es im Traum und sah uns im Wirbel der Bilder schon als Sieger aller Rennen. Ich habe stundenlang ausgestreckt auf dem Teppich gelegen, um die Bremsflanken und die graue, sahnige Eloxalschicht meiner »Service Course«-Felgen zu streicheln oder meinen Zeigefinger durch die Ausbohrung der Kurbeln zu führen, die exakt dessen Durchmesser hatte. Ich habe mich wachsen sehen, ja, der Ausdruck ist zutreffend, ich habe meine Nase im Zerrspiegel der verchromten Muffen anamorphotisch wachsen sehen, während ich diese unter frenetischem Rubbeln des Tuchs auf Hochglanz polierte. Ich hielt meine Wange an die Frische des Stahls. Ich brachte meine schöne Maschine in verschiedene Stellungen und leuchtete sie mit Liebe aus, ein wenig so, wie ich heute davon träume, die unendlichen Landschaften des Körpers meiner Frau fotografieren zu können. Aus dem Dunkeln ließ ich es in Ausschnitten auftauchen und richtete es so aus, dass es hie und da von dichten Schattenmassen übergossen wurde. Ich näherte mich mit meinem Mund, um beobachten zu können, wie sich mein Atemhauch auf dem eisigen Glanz der Metalllegierungen niederschlug. Nach dem Training wusch ich es mit mir in der Dusche, seifte es mit Bürste und Schwamm ein und stellte die Beine auseinander, um nicht mit den Rinnsalen des Petroleums in Berührung zu kommen, das ich mit einer Zahnbürste zur Reinigung der Kette auftrug. Die gröbsten Spuren beseitigte ich, bevor meine Mutter heimkehrte, die ihren Arbeitstag beendete, nur um eine weitere Liste von Aufgaben zu entdecken, die sie erwarteten.

Heute, da mich die Zeit weit zuverlässiger als der Raum von ihm getrennt hat, bewahren meine Hände seine Erinnerung genau auf. Immer noch kann ich mit meinen Fingerspitzen seine Glätte und Rauheit, Wärme und Kälte, die Oberflächen und Vertiefungen wie kleinste Details eines geliebten Körpers nachverfolgen.

Ein Rad wird nicht erwählt. Es drängt sich auf, wie Begierde und die Liebe. Die struppigen Haare des zukünftigen Radrennfahrers stehen ihm wie einem Liebhaber zu Berge und seine Knie werden einen Augenblick lang weich. Von diesem Tag an hat er nur noch eine Bestimmung zu erfüllen: der Verheißung der Geschwindigkeit den Hof machen, sich mit ihr vermählen, sie aufsaugen und sich einverleiben. Aus dem Werk, das sich seinem Auge darbietet, muss nichts weniger als sein eigenes Fleisch werden.

Der Finger des ungläubigen Thomas

Bevor sie sich mit zwei Rädern ausgestattet hatten, fehlte ihnen vielleicht nicht die andere Hälfte, aber zumindest ein Teil. Geboren in der Haut jener sphärischen Wesen, von denen Aristophanes spricht, von Zeus mit Zweiteilung gestraft, konnten sie diese Urtraurigkeit nur durch das Radfahren aufheben.

Der Spiegeltest ist mir heute schwer erträglich. Der Anblick meines reflektierten Standbildes lässt mich einen Körper erkennen, der immer noch mehr oder weniger kräftig ist, aber schon altert. Die Angriffe des Alters verwischen seine Eigenarten nicht, sondern zeichnen seine Bauform umso deutlicher ab. Asymmetrische, knochige Schultern, Hüftknochen, die die Haut durchstoßen, eine nie vorhandene Brustmuskulatur, die dennoch die Haut zu verlassen droht, all die Schatten, die an die Oberfläche gelangen und die Eigenarten betonen, statt sie zu verleugnen: Auch wenn ich nur noch wenig fahre, ist mein Körper mehr denn je der eines Radfahrers. Die Bräunungsstreifen sind verschwunden, aber die Hautoberfläche deutet es mit lilafarbenen und blauen Narben auf Ellenbogen, Hüften und Knien an – mit allem, was hervorspringt. Die unsichere und krummbeinige Haltung, gerötete Hautstellen, stachlige Umrisse und kleine Vertiefungen – in meinen Augen schreit das alles seine Abwesenheit heraus: Dem gespiegelten Standbild fehlt ein Rad! Und hier, nackt im Bad, komme ich gegen die Angst nur an, wenn ich mich um 45 Grad beuge und den Oberkörper zum angewinkelten Bein neige, um die Grundhaltung des Radrennfahrers einzunehmen. Der in Lenkerband gewickelte Rennbügel fehlt meinen Handballen, die Abwesenheit von Kette und Rädern, die mich in die gewohnte Schwingung der Welt versetzen, schmerzt. Mein Phantomkörperteil ist aus Schmierfett und Metall, Gummi und Luftdruck – ohne dieses bin ich amputiert.

Im Grunde ist es mindestens leichtfertig, wenn nicht vergeblich, die Welt oder das Leben als eine Reihe von Abfolgen zu deuten. Die Intensität des Glücks, die einem das Radfahren vermittelt, kann nicht als *Konsequenz* erklärt werden, denn der Übergang vom Zustand des Gehens zu dem des Fahrens ist eine Veränderung des Seins. Muss man sich nicht erst auf die Beine gestellt haben, sich entfalten und in voller Größe aufrichten, um die Bezeichnung Mensch zu verdienen? Die zum Boden hergestellte Verbindung in binären Intervallen, die das Gehen kennzeichnet, wird wissentlich aufgegeben und stattdessen der fragilen Haftung der Reifen überlassen: Das kann einem Kind schon den Eindruck vermitteln, seinem Schicksal zu entrinnen.

Mit zwei Rädern berührt man nicht die gleiche Welt wie mit seinen Füßen. Sich seinen Rädern anzuvertrauen, bedeutet, sich auf kleinste Oberflächen zu stützen, so winzig, dass sie bei vollem Reifendruck zwei Punkten gleichen; es heißt, sich zwei Nadelspitzen anzuvertrauen, die über die Straße gleiten und dennoch bald so feinfühlig und verlässlich sind wie die Haut der Fingerspitzen beim Abtasten einer Frucht.

Ich war nicht ganz Stadtkind, jedenfalls keins der Großstadt, die tost und wimmelt, dass einem Augen und Ohren bluten. So wuchs ich in der Zwischenwelt der Banlieue heran, mit ihrer unmerklichen Langeweile, in einer Umwelt ohne wahrnehmbaren Geschmack und ohne spürbares Klima, hinter einem schlecht eingepassten Fenster, durch das ich alle Kälte einsog, die meine Lungen speichern konnten. Eingehüllt in das hypnotische Rauschen einer feuchten Pappelreihe wurde mir der Duft ihrer fauligen Wurzeln Stellvertreter aller Natur. Von nassen Blättern, die auf dem Asphalt kleben, steigt heute noch der

Duft meines Kinderzimmers zu mir auf. Der Straßenbelag wurde bei Regen schwärzer und glänzender und bekam Benzinflecken, je weiter der Frühling voranschritt und sich der Sommer einlebte – und das war eigentlich schon alles. Weder verging ich vor Langeweile, noch träumte ich vom Land oder einer Flucht dorthin, nein, nein. Ich begnügte mich mit dieser betonierten Öde und dem Schauspiel eines Baumvorhangs, der so nah war, dass er fast den ganzen Horizont versperrte. Drei Straßen entwarfen drei kurze Perspektiven, an deren Schnittpunkt ein kleines Häuschen lag, dessen rückständiges Dasein ich von der Höhe meiner dritten Etage beobachtete.

Meine Kinderfahrräder mussten erst von einem schönen Zehngangrad mit herrlich glänzender Lackierung und verchromten Felgen ersetzt werden, die sofort ein Wischtuch in meine Hände zauberten, damit das Projekt, die Grenzen der Stadt hinter mir zu lassen, nicht mehr aufzuhalten war. Damit die mir versprochene Umgebung und der für mich bestimmte Körper gesprengt werden konnten.

An jenem Morgen war ich im Gefolge meines Onkels aufgebrochen, der mir den Weg wies. Es war ein Wintersonntag, und in seiner Spur mühte ich mich durch einen schüchternen Tag; wir rollten mit triefender Nase, jeder mit eingezogenem Kopf im nebligen Wölkchen seines Atems. Ich dachte mir, vom

Himmel aus gesehen müsse ich einem verstörten Tier ähneln – ein kleines in der Fährte eines größeren –, das sich ohne Deckung zwischen zwei Baumwipfeln vorarbeitet, die viel zu weit voneinander entfernt sind.

Aber übertreiben wir nichts: das Land, das ländliche Frankreich, hatte ich schon aus dem väterlichen Renault vorbeiziehen sehen oder seine Stagnation in der Langeweile der Ferien ertragen. Doch hatte ich gesehen, ohne zu sehen, nur mit den Augen gesehen, jedenfalls hatte ich es nie *berührt*. Ich blieb der kleine Städter, der kleine Radfahrer, der nur Sträßchen und Boulevards auskundschaftet, Sackgassen und Parkplätze entlangrollt und sich den Wind um die Nase wehen ließ. An diesem Tag aber spürte ich, wie es zunächst langsam näher kam, während wir Ampeln und Häuserreihen hinter uns ließen. Bevor es sich in einer weiträumigen Bewegung vor meinen Augen und unter meinen Rädern entfaltete, konnte ich es bereits erraten, ohne es zu sehen, so wie man das Meer mitten in der Stadt allein durch die Straßen erahnt, die zu ihm führen, das anschwellende, tosende Meer. Da hinten war die nackte Horizontlinie, die schon die letzten Bauwerke erschütterte, ich konnte das Land beinahe hören. Meine Füße traten mit der beflissenen Konzentration des Anfängers in die Pedale und ich folgte im Windschatten meinem Onkel, dessen kräftige Beine in endloser Folge auf und ab sausten, als ich mich plötzlich im freien Feld befand. Alles lag nun hinter uns. Die Atemlosigkeit, der Wind, der mich in meinen eigenen Resonanzen isolierte, die tauben Finger und die Kältetränen in den Augenwinkeln: Sie begründeten eine dumpfe und verschwommene Welt, die dennoch schrecklich präsent war. Für einen Augenblick erschien mir der kleine Weg noch schmaler, als er in einen Ozean von fettem Ackerboden mündete, dessen umgepflügte Krume auf die Straße überzuschwappen drohte – die sich dann ausbreiten und mich in ihrer Lehmwoge fortreißen würde, mit der geduldigen Langsamkeit der Wellen, die wissen, dass sie den stärksten Fels aushöhlen und Schlösser zum Einsturz bringen können.

Mehr schlecht als recht konzentrierte ich mich auf Kette und Ritzel vor mir, besonders auf die roten Distanzringe dazwischen; allmählich entkam ich den Trugbildern und im Laufe der Kilometer stellte sich sogar ein köstliches Gefühl ein. Wie ein Mund, dessen Zunge verborgene Hautfalten ableckt, kam ich in den feuchten Falten der Landschaft voran. Genau wie in der Liebe begann die Erschaffung eines neuen Körpers, ich webte mir eine neue Haut. Genau wie es in der Liebe durch den Körper des anderen geschieht, hat sich etwas von der Landschaft in mir eingeschrieben und zwingt mich zur Erkenntnis.

Und erst heute begreife ich, dass ich auf dem Rad nicht sehend wurde, sondern entdeckt habe, was sehen bedeutet. Diese Entdeckung kann man sicher auch auf andere Weise machen, aber was mich angeht, wurde sie mir durch meinen Radfahrerkörper geschenkt. Oft heißt es, man müsse den Kopf senken, um wie ein Radrennfahrer zu wirken, das aber ist zweifach falsch. Zum einen, weil, abgesehen von den Momenten, in denen er sich einige Sekunden sammelt, um seine mentalen Kräfte zu bündeln, der Rennfahrer seinen Namen dem Talent verdankt, ein Rennen zu sehen und selbst unter größter Anstrengung immer die Nase zu heben, damit ihm keine der Zuckungen entgeht, die den großen Körper des Pelotons durchlaufen. Zum anderen, weil es eine Form des Sehens gibt, die erfordert, nichts anzublicken: Wer mit seinen Fingerspitzen die Beschaffenheit einer Oberfläche prüft, dessen Augen verlieren sich in der Ferne, denn merkwürdigerweise würde eine nähere Betrachtung der Berührungsfläche nur die Gewissheit erzeugen, dort sei nichts zu erkennen. Die Wirklichkeit entsteht auf der Bühne des inneren Theaters.

Der Morgen war schon vorgerückt, ich kurbelte und spürte, wie sich die Luft verdichtete, grob die Haut meines Halses streichelte und das Gesicht überfror, so wie man auf Gebäck noch eine Schicht Zuckerguss aufträgt, der gleich aufplatzen wird. Vor mir immer noch das pendelartige Auf und Ab der rüstigen Beine, die in lautloser Rotation die Chromteile einfassten. Und tief in mir, weit unter dem Vorsprung meiner vereisten Augenbrauen, spürte ich die Härte meiner Hüftknochen, die auf dem Sattel um den vergrabenen Anus kreisten, spürte ich die brennenden Schenkel und das periodische, abwechselnde Niederpressen meiner Fußballen auf das Schuhleder, auf die Pedale, die Straße, schließlich die Welt, von der ich etwas zum Ausdruck zu bringen glaubte. Ich war überzeugt, den Saft der Existenz zu extrahieren. Die Straße stieg an, ich richtete mich in den Pedalen auf. In der Abwärtsbewegung meines rechten Beines versetzte ich gegenläufig mit beiden Händen mein Rad nach links, wobei dem Quadrizeps in seiner Kontraktion eine flüssige Hitze entströmte, deren Ausbreitung sofort spürbar wurde, und so fühlte ich, wie sich zwischen meiner Fußwurzel und der Welt eine Schicht bildete, der Ort unserer gegenseitigen Hingabe. Ich war dreizehn und fühlte, wie ich geboren wurde. Ich entsprang als Kind der Pedale. Zu sehr war ich Teilnehmer dieser Umwälzung, um sie in Worte zu fassen, aber ich durchlebte sie. Was ich so deutlich »sah«, brauchte meine Augen nicht, denn es befand sich woanders als in dem schwarzen Geäst, das mit nahendem Mittag Tautropfen verlor, woanders als in den Häusern, die sich inmitten der Felder aneinanderschmiegten und aus denen schüchtern senkrechte Rauchsäulen emporstiegen, woanders auch als in der nassen Spur meines Reifens oder dem wackeren Strampeln meines Ahnen, woanders schließlich als im Geruch von Frost und Kaminfeuer, der die Wintermorgen kennzeichnet.

Ich kannte noch nicht Caravaggios ungläubigen Thomas, dessen Zeigefinger sich ein Glied tief in der Brust Christi versenkt und der, um zu sehen, was er fühlt, um zu sehen, was er sieht, seine ungläubigen Augen von der Wunde abwendet. Seine gebeugte Haltung, das über die Brust Jesu geneigte Gesicht machen zunächst glauben, dass er fasziniert versucht, näher hinzuschauen. Aber ganz und gar nicht. Eine distanzierte und genauere Betrachtung (man ist ja selbst ganz fasziniert von der Zweideutigkeit des Stigmas, das sich wie eine Vulva öffnet) zeigt, wie der Blick des ungläubigen Thomas aus dem Bild hinausläuft, nicht weil er von einem anderen Gegenstand angezogen würde, der sich dem Betrachter entzieht, sondern weil er sich nach innen kehrt. Um besser zu sehen, was sein Finger berührt, um seinen Finger besser sehen zu lassen, muss er seinen Blick unbedingt zugunsten der Vision neutralisieren. Thomas wird zum Erzeuger dessen, was er zu sehen sucht.

Als ich den Grund meines Körpers deutlicher wahrnahm als die Landschaft um mich herum, entdeckte ich, dass jede Erfahrung eine Erfahrung durch

Berührung ist und dass kein Weg an ihr vorbeiführt. Eine Erfahrung von Berührung, Schwerkraft und Widerstand, kurzum: von Anstrengung. Unsere Sinne fügen sich dem nur hinzu, doppeln, ummanteln und verfeinern diese grundlegende Erfahrung, der ich mich nie so dicht und unvermittelt näherte wie in der Bewegung des Pedalierens.

Mit dreizehn Jahren erfuhr ich auf einer Landstraße die Offenbarung eines inneren Raumes. Eröffnet hatte ihn mir die Landschaft, die Augen und Muskeln entkoppelte. Endlich hatten meine Räder die Erde und ihre unmögliche Flachheit berührt und meine Seele war wie eine Frucht aufgeplatzt, deren allzu süßes Fleisch mir Unendlichkeit versprach.

Nach der Rückkehr in die warme Wohnung fühlte ich mich, als käme ich aus dem Tiefschlaf, und es brauchte eine Weile, bis ich meine Sinne wieder beisammen hatte. Ich erinnere mich, nackt auf der Bettkante gesessen zu haben mit auf den Knien abgestützten Ellenbogen, immer noch vom Traum benommen. Alles badete im Duft der sonntäglichen Küche und meine Augen folgten schwer wie Stahlkugeln recht verdutzt dem Schauspiel meiner vom Frost marmorierten Füße. Erst musste mich die Dusche verbrennen, das Handtuch die Haut schmirgeln, ich mir vor dem Spiegel heftig die Wangen reiben und meine Augen lange zugekniffen halten, bis sich der Schacht meines Körpers wieder verschloss und die Rufe, die aus ihm vordrangen, außer Hörweite waren. Die Stille der gewöhnlichen Dinge wiederfinden. Diese eigenartig gekrümmte Haltung aufgeben, die eine Mimikry der Sprungbereitschaft ist, das Rad abstellen, um meine Hände zu befreien und mich wieder auf die vertikale Achse zu pflanzen, die man aufrechte Haltung nennt.

Jeder Radrennfahrer hat beim Pedalieren gelernt, diese Wunde in sich zu verorten, und ihr angstfrei die Flanken geöffnet. Im Pedalieren erzeugt er die Konsistenz dieser Schicht authentischer Leere, die Haut an Haut seine Verbindung zur Welt ist. Über die Jahre ist die wundervolle Mechanik seines Rades all seinen Veränderungen und Entwicklungen gefolgt. Alle Häutungen, ob regelmäßige oder einmalige, haben ihr Organisationsprinzip in dieser Konstellation von Winkeln und Kreisen gefunden. Man sagt, das Rad sei die Fortsetzung seines Körpers, aber andersherum betrachtet verlängert es nicht seinen Bewegungsapparat, sondern er hat es sich einverleibt und mit seiner Haut überwachsen, bis es völlig überzogen war. Der Radrennfahrer ist das Gegenteil eines Roboters. Denn die Maschine hat sein Fleisch genährt und jetzt ist sie sein Fleisch geworden und verlässt ihn nicht mehr. Er spürt sie auch, wenn sie nicht zu sehen ist, weshalb in ihrer Abwesenheit alles bloßliegt, Handballen und Füße, der ebenso empfindliche wie belastbare Damm, all die kribbelnden Tropfen Blut. Geschieht es einmal, dass diese zweite Haut für einige Tage oder gar Wochen nicht ans Werk gesetzt wird, so lässt sie es ihn wissen und er zappelt wie ein Verunglückter, dem eine Klinge glatt ein Glied abgetrennt hat.

Er tritt in die Pedale, versetzt sie in Umdrehung, lässt sie tanzen und folgt in seinem Vortrieb der Richtung, die die Straße vorgibt und an deren Rand Zuschauer gestikulierend, jubelnd oder verdattert mit Händen in den Taschen stehen. Dennoch ist die Landschaft, die seine konzentrierte Hingabe umgibt, nicht der eigentliche Schauplatz des Geschehens. Er schafft und schöpft im Resonanzraum seiner Einsamkeit, modelliert sich dort seinen eigenen Raum, wo der Magen in die Ferse rutscht und der Kopf in die Beine. Mit allen Muskeln meißelt er die rohe und formlose Masse, die unendlich verfeinert und mit intimstem Leben gefüllt werden kann. Sein Körper ist ein Brunnen ohne Grund, ein Schatten an sich, ein abgeschotteter Raum mit einem deutlichen, entfernten Echo, der immer noch einen Tropfen übrig behält. Und in dieser »lauten Einsamkeit«, um das Wort von José Bergamin aufzugreifen, gibt er seiner Gegenwart und Existenz eine Form. Sein ganzes Wesen bewegt sich in diesem

Schwebezustand über dem Abgrund. So wie alle, alle übrigen, das ganze Peloton mit ihm. Sie konfigurieren ihre Körper in diesem exakten Gleichgewicht zwischen Kraft und Unvermögen, Initiative und Widerstand, vollzogen in einer präzisen und farbigen Verbrennung, die durch ihr Fleisch fließt und es in ewigkeitslangen Augenblicken durchbohrt. Darin liegt ihre Kunst.

Wenn sie vorbeifahren, müsste man die absolute Ruhe der Verzweiflung oder des Mysteriums verordnen – nicht als Zugeständnis, sondern damit die Gelegenheit geschaffen wird, sie besser zu würdigen.

Das Schauspiel dieser zweihundert aufgestachelten Einsamkeiten, die mit voller Lunge in die sichtbare Welt geworfen sind, lässt sich vielleicht weniger beobachten denn *hören*.

Wettkampf

Ich sehe mich von hinten in einen Äther entschwinden, den die Atemlosigkeit eines Erwachsenen gesättigt hat, mit unsicheren wackligen Schultern, auf einem Weg, von dem ich nichts ahnte, schon gar nicht, dass er mangels Orientierung zum Kern meiner Existenz werden sollte.

Wie oft mögen meine Knie auf und ab gestiegen sein, meine Füße die Pedale geschoben und wieder aufgenommen haben seit diesem versunkenen Tag, an dem meine Eltern, Vater oder Mutter, ihr peinliches, tausendfach wiederholtes Neben-mir-her-Laufen abbrechen und mich endlich loslassen und den Gesetzen meines eigenen Gleichgewichts überlassen konnten? Und wie oft seit diesem windigen, verregneten Morgen, an dem ich zum ersten Mal an einem Rennen teilnahm?

Es war erst acht Uhr, aber ich wartete mit dem Gefühl, schon einen langen Tag in den Stiefeln zu haben. Denn um Radrennfahrer zu werden, muss man Rennen fahren und ich stand an der Schwelle meines ersten Radrennens.

Mein Bartwuchs war noch gänzlich virtuell, und ich fröstelte gemeinsam mit einem Haufen zusammengewürfelter Mitstreiter am Start, kleine und große, exaltierte und andere, die vor Lampenfieber beinahe trauerten. Ich hielt meinen Oberkörper vorgebeugt, die Ellenbogen stützten sich auf meinen Lenker, meine Stirn ruhte auf den verschränkten Unterarmen, ein Fuß war im Pedal eingehakt, das Knie nervös, das andere Bein durchgestreckt. Ab und zu hob ich den Kopf und zog, um Eindruck zu machen, unter dem hochgeklappten Schirm meiner Radmütze die Brauen zusammen. Ich sah mich um. Vom Kieferorthopäden verstellte Zahnreihen, trotzdem lächelnd. Sturzringe, die unsere Ohren auseinanderdrückten und ein paar Haarbüschel frei ließen, die der Wind zauste. Jemand hielt ein Start- und Zielbanner über unsere Köpfe und wir bildeten eine kleine, vom Regen leicht verfärbte Herde, die sich darauf vorbereitete, wild um ein gerade erschlossenes Industriegebiet zu kreisen. Die frischgegossenen Betonstraßen umrahmten matschige, mit blutleeren Schläuchen und Rohren überzogene Flächen, aus denen falsche Ruinen emporwuchsen. Ein weißer Strich auf dem Boden diente als Ziellinie und ein lehmbespritzter Anhänger war das improvisierte

Podium; sie stellten in diesem kalten Projekt das schüchterne Leben dar. Ich sagte schon, dass ich zitterte. In jedem von uns, in jedem dieser Gestalt annehmenden Körper, zitterte der zukünftige Radrennfahrer. Er erschauderte von neuem, als der Starter mit der komischen Wampe endlich die Pistole hob. Doch nach der ersten Radumdrehung war er plötzlich befreit. Eine lautlose Explosion sprengte meinen Brustkorb, und dann die Körnung der Straße, die sich mir über die Handballen und vom Untergrund her vermittelte, über die Nervenbahnen der Arme und den lebenden Baum der Wirbelsäule aufstieg, um in meinen Schädel zu schießen. Und sich dort auszubreiten und so die Einsamkeit der Anstrengung zu enthüllen. Von diesem Tag an habe ich mich wie alle Radrennfahrer so oft wie möglich bemüht, weitab von der Welt hinter dieser weichen Mauer exakt definierter Schmerzen zu leben.

Bevor wir dort eintrafen, um endlich unser eifriges, kindliches Wüten auf die Straße bringen zu können, waren wir alle in der tiefsten Schwärze der Nacht aufgestanden. Man musste den obligatorischen Nudelteller mindestens drei Stunden vor dem Rennen verspeist haben. Langsame Kohlenhydrate, langkettige Kohlenhydrate. Mit im Dunkeln vorgestreckter Hand war ich bis zur Küche an der Wand langgeschlichen.

Das Licht in der Wohnung hatte ich nicht eingeschaltet, um meine Mutter nicht zu wecken. Kessel unter den Wasserhahn der Spüle, dann unter Neonlicht auf den Gasherd gestellt. Kleiner weißer Film siedenden Wassers – meine traumschweren Augen verloren sich in den kleinen Weizenschlangen, die im kochenden Wasser ertranken. Das Fenster hatte ich halb geöffnet, damit der Wasserdampf sich verflüchtigte. Die Pappeln tauschten untereinander Vögel und deren Gesang aus. Ich hatte mich an meinen Teller gesetzt, in die Mitte einer noch schlaftrunkenen Welt, die aber schon in der Ferne von Flugzeugen und Motorgeräuschen durchkreuzt wurde. Erster Sonntag im März. Erster Sonntag meiner ersten Saison.

Ich dachte an die anderen, meine Kumpels aus dem Radverein und alle, die ich nicht kannte und die wie ich irgendwo in ihren Küchen aßen, jeder an seinem Platz, festgepinnt wie Nadeln auf einer Landkarte. Wir würden bald alle in Autos steigen, um an den Ort unseres Rennens zu fahren. Uterine Starre der gemeinsam, in Lampenfieber und Vorfreude auf den kommenden Wettkampf hinter einer Windschutzscheibe verbrachten Stunden des Morgengrauens.

Danach hatte ich also die Tür hinter mir geschlossen und war mit geschultertem Rad die Treppe hinabgestiegen. Einige Straßen weiter, auf einem großen runden Platz, wartete ich im ersten Dämmerlicht. Um diese Zeit glitzerte der Boden noch vor Feuchtigkeit. Auf dem Oberrohr meines Rades sitzend, einen Sportbeutel zu Füßen, wartete ich auf das Erscheinen des alten Peugeot, der wie ein unter der Last der eigenen Antennen ächzendes Insekt mit Gepäckträgern und Rädern überladen war. Bebend hielt er vor mir an. Ich hängte mein Rad auf den Träger und drang unter dem Quietschen der Aufhängungsfedern in den Innenraum zu meinen Kameraden und unserem Trainer vor. Es roch nach Waschmittel, Kampferöl und Schimmel.

Es war weniger Publikum anwesend als vielleicht später einmal für einige von uns, beim Start der Elite- oder Profirennen. Noch keine Parkplätze voller Busse und Männer, die geschäftig wie Spinnen hin und her liefen, keine orientierungslosen Schaulustigen inmitten des Trubels, die den Fluss des Geschehens hemmten. Auch keine Hostessen und keine hübschen Radsport-Anhängerinnen, die die freien Freuden des Sommers verkörperten. Den Schreiberling vom Wochenmagazin unseres regionalen Radsportverbands einmal ausgenommen, war nicht ein einziger Journalist vor Ort. Kaum Leute. Nichts als Märzhimmel und beiderseits der Straße die schrecklichen Reihen der Familienkombis. Ihre Kofferräume waren geöffnet, die Heckklappen standen hoch wie aufgesperrte Mäuler, aus denen nackte, noch zarte Beinpaare herausragten.

An deren Enden kauerten Familienväter zu Füßen ihrer Söhne und gossen mit der Linken etwas Öl in eine Schale, bevor sie es verteilten und das Fleisch ihres Fleisches zu salben begannen und es kneteten wie das Brot, das damit eines Tages eingefahren werden sollte. Gesenkten Kopfes, kniend, fromm beugten sie sich über die bartlose Nachkommenschaft. Mütter und Geschwister hielten sich steifbeinig in respektvollem Abstand. Hier und dort umwickelte ein Polyesterschal schaumgefestigtes Haar.

In unserem Falle war mein Vater noch nicht dabei, und so war es der Trainer, der uns die kleine Massage verabreichte; schmerzvoll brannte sich die Wärmesalbe in die Haut, während wir uns unsere Rückennummern an die Trikottaschen hefteten. Meine klammen Hände gaben sich alle Mühe, das Kartonpapier an der richtigen Stelle zu durchbohren, damit es auf meinem Rücken mit der richtigen Spannung anliege. An meine Nummer kann ich mich nicht mehr erinnern.

Während wir Teilnehmer uns bei Aufruf unseres Namens einzeln an die Startlinie begaben, waren Väter und Trainer in Gruppen davonmarschiert, richteten ihre Wollmützen oder Kappen und bezogen an strategischen Punkten der Strecke im Straßengraben Stellung. Hier und da bekämen wir es also auf unserem Rundkurs mit diesen seltsamen Flamingos zu tun, die ihre Hälse mit dieser typisch gespreizten Geste wendeten, während sie, baumelnde Ersatzräder an den Armen, Ratschläge und Ermahnungen von sich gaben.

Wir alle waren an diesem Tag Anfänger im Metier und mit dem Startschuss, der unsere von Lampenfieber geblähten Herzen platzen ließ, entdeckten wir jenen herrlichen Raum jenseits der Dringlichkeit. Alles ging so schnell. Ich stelle mir vor, dass die frische Luft den metallischen Geschmack des Blutes in all unsere Kehlen zugleich aufsteigen ließ. Vor jeder Kurve schon außer Atem, musste man dennoch zusehen, keinen Platz zu verlieren, auf Schulterhöhe mit dem Nachbarn zu bleiben und sich gleichzeitig nicht mit dessen Lenker zu verhaken. Wieder antreten und Tempo aufnehmen, sobald es das wiederhergestellte Gleichgewicht zuließ. Es gab ein oder zwei Stürze, ich sah, wie ein Vorderrad ein anderes berührte und ein Konkurrent wie volltrunken schlingerte, bevor er mit einem metallischen Geräusch voller Wucht auf dem Boden aufschlug. Erste Abschürfungen, Wunden von oben bis unten: Schultern, Ellenbogen, Hüften, Knie, Fußknöchel.

In jeder Runde wurden Prämien verteilt und ich stellte mich ganz gut an, auf dem Rückweg würde ich mir einige Münzen in den Trainingsanzug stecken können. Zur Halbzeit vergaß ich auch nicht den Rat meines Trainers und griff mit ausgestrecktem Arm nach hinten. Dort schnappte ich mir in der Trikottasche einen Fruchtriegel. Ich hatte genauso viel Mühe, seine Verpackung aufzureißen, wie in meiner Atemnot die Zeit zu finden, ihn hinunterzuschlucken. Eine ganze Runde über steckte er wie Kautabak in meiner Backentasche, die geöffneten Lippen glänzten vor Zucker. Je näher das Finale rückte, desto mehr sammelten sich meine Gedanken und ich versuchte mich zu beruhigen, indem ich einige Worte an mein Rad richtete, an meinen schönen blauen Aluminiumrahmen. Ich dachte auch an Hinault und den fiebrigen, mit Reißzwecken befestigten Olymp an meinen Zimmerwänden. Ich sprach Gebete. Da ich immer den Kopf zur Seite neigte, wenn ich unter zu hohem Tempo litt, sah ich mit dem ersten Sonnenstrahl des Tages die schöne Verheißung meines Schattens. Er zog sich in die Länge, schwoll an und zerbarst auf den Kieshügeln am Streckenrand und heftete sich plötzlich an meine Fersen. Als eine Glocke die letzte Runde einläutete, waren wir alle entschlossen, lieber niemals unseren vierzehnten Geburtstag zu erleben, als zurückzustecken.

Wahrscheinlich habe ich meinen Sprint viel zu früh begonnen, aber ich hielt es nicht mehr aus. Lang genug hatte ich mir Angst und Verzweiflung suggeriert, bis sie ein entsprechendes Niveau erreicht hatten. So bin ich mit einem Atemstoß gestartet und zog derart am Lenker, dass meine Fingerknöchel dabei weiß wurden. Gehetztes Tier wagt sich ins Freie. Aufrichten, hinsetzen, aufrichten, hinsetzen. Angst, Angst, Angst. Für einige Sekunden sah ich unterhalb meines Ellenbogens eine Welt kopfstehen, in der Väter mit geballten Fäusten und einem Fuß auf der Fahrbahn herumbrüllten.

Man hat mir auf die Schulter geklopft und wir Fahrer reichten uns die Hände. Das dauerte ganz schön lang, wir hörten gar nicht auf, uns die Hände zu schütteln. Fünfzehn Minuten später streckte sich eine weitere Hand aus, um mich auf den Hänger mit den dicken Reifen zu heben, weil der Schemel verschwunden war. Oben wartete eine junge Frau, die in einem dicken Strickpullover versank; sie reichte mir einen großen Blumenstrauß, mir, der ich noch nie Blumen verschenkt hatte. Ich hielt ihn über meinen Kopf und der Trainer hat das Foto gemacht.

Wir fühlten uns wie werdende Stars. Als ich mit dem Blumenstrauß am Lenker in meine Straße einbog, waren alle Nachbarinnen an ihren Fenstern, riefen sich zu und redeten miteinander. Die Fassade des Mietshauses wirkte wie ein Adventskalender.

Dahinter konnte man die gewienerten Küchen erahnen, das ordentlich abgestellte Geschirr und die rosa

Gummihandschuhe, die schlaff über den Wasserhähnen hingen wie der Leichnam Michelangelos in der Hand Bartholomäus' an den Wänden der Sixtinischen Kapelle.

Mein Rad ließ ich im Eingang und duschte mich allein. Der Strauß auf meinem Bett war schon leicht welk. Aber ich war nun, wir waren nun: wahrhaftig Radrennfahrer.

Flüssiger Körper

Nichts weiß ich über diesen alten Mann, den ich manchmal einhole, wenn ich mich noch mal aufs Rad setze. Nichts, denn nie hat er das Wort an mich gerichtet. Nichts, außer dass er einmal ein guter Rennfahrer gewesen ist. Wenn ich sehe, wie er mit seiner hohen Stirn die Pedale in dieser schneidenden Bestimmtheit tritt, kann ich kaum sein Alter glauben. Er fährt immer noch täglich, auch wenn sein Anzug ihm zu weit geworden ist und das Lycra seiner Radhosen über den dünnen Oberschenkeln knittert. Über seinem gestreckten Unterschenkel eine überproportionierte Kniescheibe, darüber häufen sich schmale Hautfältchen. Haut der Jugend, die sich jetzt weder spannt noch strafft. Weiße Haare entflattern dem Helm über einen faustischen Nacken; die Kieferstellung und der verbissene Ausdruck, gerötete Augenwinkel und die milchige Pupille verraten ihn.

Was ihn schließlich enttarnt, das sind sein Auge, wenn er mit diesem Blick von unten beschleunigt, die unter den Fältchen immer noch spindelförmige Wade, seine halb geöffneten Hände, mit denen er den Lenkerbogen greift, und die nach wie vor makellose Vorwärtsbewegung des Rades. Unter diesem Gespensterkostüm ist der Rennfahrer in ihm so präsent, dass es scheint, als werde er den bereits sichtbaren Schwund des Körpers überleben.

Es ist nicht unmöglich, dass derselbe Mann sein Leben als eins dieser schüchternen Kinder begann, eins von denen, die, wenn sie mit anderen unterwegs sind, vorm eigenen Abbild in einem Schaufenster enttäuscht zurückzucken. Kinder mit bekümmerten Bäuchen. Ihr Körpergerüst ist immer dabei einzuknicken, als fehlten genau in der Mitte ein oder zwei Backsteine zur Abstützung. Mutmaßungen. Ein Fehler in der Statik: Unser Radrennfahrer ist eines der vielen Kinder, denen man immer wieder zurief »halte dich gerade« oder »setz dich mal richtig hin«. Unfähigkeit, sich »aufrecht zu halten« und die Brust länger als eine Sekunde vorzurücken. Schon aus diesem Gesichtspunkt bot das Rad dieser unheilbaren Geknicktheit eine natürliche Lösung, es hat ihn gerettet und ihm Mut zurückgegeben: Er war dazu geschaffen, sich seiner gekrümmten Silhouette einzupassen. Sogar sein Inneres hat es so erlebt. Die beruhigende Konkretheit der Auflagepunkte für Hände und Hintern, die paradoxe Stabilität der Pedale, die sich gleichzeitig anbieten und entziehen, der mittelbare Kontakt zum harten Boden, das alles hat ihm die Umrisse der Welt abgerundet. Räder und Pedale: Sie drehen sich und verlassen einen nie. Diese ewige Wiederkehr, die dem Körper Stöße erspart und sie durch das stumme Abrollen eines Reifens auf der Erdkrümmung ersetzt, schafft Raum für eine wundervolle Mehrdeutigkeit. Es bietet nur nachgiebigen Rückhalt und flüchtige Zusicherung. Das Rad birgt in sich diese wesentliche und geometrische Eigenschaft zum Paradoxon, ja, zum Oxymoron. Antoine Blondin beschrieb es, ich zitiere aus dem Gedächtnis, als »die nützlichste Erfindung seit dem Schlägel zum Nüssepflücken, das wirksamste Instrument, das dem Menschen geschenkt wurde, seine Bewegung zu verlängern«. Es ist sogar mehr als das. Wahrscheinlich gibt es nur wenige Gegenstände, die schwankenden Gemütern so entsprechen, ihre Ineffizienz in Effizienz verwandeln und aus Verzweiflung ein Vorhaben machen.

Das Rad schmiegt sich dem unnützen Körper an, baut ihn auf und gibt ihm eine Bestimmung. Allein die Tatsache, aufs Rad zu steigen, erhöht augenblicklich den unbedeutenden Fußgänger, erleuchtet verwachsene Körper, die sich als lebende Kathedralen errichten, wodurch auch kleine unscheinbare, in ihrer Straßenkluft unbeholfen wirkende Männer plötzlich alles um sich überragen. Die Haltung des Radrennfahrers entkleidet und offenbart ihn. Ob der Champion seinen Dress trägt oder nicht, nackt ist er immer.

Im Leben eines Körpers ist nichts gewährleistet. Man weiß, dass die Verbindungen des Fleisches sich am Ende auflösen werden. Heute, da ich versuche, diese Zeilen zu schreiben, und das Fenster in meinem Rücken mich von einem Winter trennt, in dessen eisiges Klirren ich mich damals mit entfesselten Schenkeln gestürzt hatte, habe ich eindeutig keinen Athletenkörper mehr.

Wenn ich nun, zwanzig Jahre nach meinem letzten Rennen, wieder aufs Rad steige, bilde ich ein weit weniger stabiles und sicheres Gefüge als damals, obschon ich doch die gesamte Zeit über regelmäßig trainiert habe. Meine Knie würden möglicherweise unter der Übersetzung erzittern, wie ein schlecht eingestellter Mechanismus, der an Druck verliert. Und wenn ich einen Anstieg im Wiegetritt nehme, sind die Pendelbewegungen meines Vorderrades weniger rhythmisch und präzise als einst. Es ist ebenfalls wahrscheinlich, dass ich nicht einmal mehr sprinten kann oder dabei einfach nur lächerlich wirken würde. Aus der Tiefe meines Wesens steigt im Laufe der Jahre eine zentrifugale Schwingung auf, die mich, wenn sie die Oberfläche erreicht, schließlich zum Zittern bringen wird. Wenn ich es zulasse. Wenn ich schwächer geworden bin, so durch ein Zögern des Fleisches, und diese knackige Entschlossenheit von früher – jeder Körperteil an seinem Posten wie der Schlitten einer Schreibmaschine – droht zu desertieren. Zu allem Überfluss rücke ich in einem Gestrüpp von Ausflüchten vor, die wie Dornen am Boden wuchern, dort, wohin der Blick sich wohl zu Unrecht nicht richten will. Das ist der Preis für nachlassende Wachsamkeit, für die Vorstellung, man lebe als Galionsfigur mit geschwollener Brust dem Sonnenuntergang entgegen: Man sieht nicht, wohin man tritt. Mein Blut hat sich vom Phlegma korrumpieren lassen. Ich bin faul geworden und kleinmütig. Fahrtwind, der in meinen Kragen dringt, wird zum Problem; vor jeder Ausfahrt suche ich systematisch meinen Dress nach Stellen ab, die der Zugluft eine Lücke lassen, als würden meine Kleidungsstücke meinen Mut zurückhalten. Und die Hitze der schönen Tage plättet mich.

Sofern mich heute noch der Wunsch packt, aufs Rennrad zu steigen, habe ich zuerst das Gefühl, alles verloren zu haben. Ich bewege mich im Minus; die ersten Kilometer tauchen mich in ein Gefühl diskreter Dezentrierung, und es gelingt nicht mehr, mit meinem Körper in völlige Übereinstimmung zu kommen, mich einzurichten. Ich schmecke im Mund ein wenig von diesem eisenhaltigen Geschmack, den mir Träume vom Versagen bescherten, die ich manchmal nachts vor den Rennen hatte und in denen ich mich am Ende des Pelotons strampeln sah in der schleimigen Verzweiflung unhörbarer Schreie, ohne je einen Meter vorwärtszukommen. Bei jeder neuen Trainingsausfahrt brauche ich eine gewisse Zeit, wobei diese Zeitspanne von Mal zu Mal kürzer wird, um wieder mit meinem eigenen Fleisch übereinzustimmen. Es gelingt mir jedoch immer wieder – nicht völlig, denn kleine Brüche des Unbehagens verbleiben –, diesen Zustand herzustellen. Mehr schlecht als recht richte ich mich in ihm wieder ein. Es ist das Zusammenspiel der Kontaktpunkte zum Rad, ein wie gesagt bewegliches Vermögen, das mir erlaubt, wieder in meinen Körper hinabzusteigen. In meine Haut vordringen, hineinschlüpfen, mich einpassen: Das ist die Maschine, der ich mich angleiche, das Rad, das ich verkörpere. In dieser taktilen Auseinandersetzung mit der äußeren Welt, die das Radfahren ist, wird mein Ich als pedalierendes Wesen wiedergeboren: Pedalumdrehung um Pedalumdrehung entsteht sein Körper. Pedalumdrehung um Pedalumdrehung festigt es seine organischen Verbindungen.

So richte ich mich also ein. Man wird schon sehen, sage ich mir, ob ich werde leiden müssen. Mit Stil leiden. Irgendetwas in mir wird sich daran erinnern. Ich pedaliere, also fühle ich. Ohne in Panik zu geraten, los, vorwärts, Kopf zwischen die Beine nehmen, die sich auf und ab bewegen.

Erst raste ich das eine, dann das andere Pedal mit diesem trockenen Geräusch ein, das ich so sehr mag. Die Füße haben an der richtigen Stelle ihren Platz gefunden, ich fühle das Grundgelenk des großen Zehs direkt über der Pedalachse, »genau auf dem Punkt, mit dem du am Boden eine Nuss knacken würdest«, sagte mir einer meiner ersten Trainer. Meine Hände legen sich an den Lenkerbogen, ihre Krümmung schmiegt sich in seine Biegung. Meine Hände wären lediglich mager und würden nichts verspüren, wären da nicht die fleischigen Wölbungen von Daumen und Zeigefinger, die in einem schwachen Greifreflex, so schwach, dass ich ihn nicht mehr wahrnehme, den Druck wieder korrigieren. Denn der Zustand des Straßenbelags verändert sich ständig, ganz wie der Teil der Eigenmasse, der an- und abschwellend auf die Arme drückt.

Während ich so rolle und der Wind die Haut meiner Wangenknochen trocknet und mein Mund mit einem Ausdruck, den ich nicht visualisieren kann, offen steht, verteilt sich mein Körpergewicht auf drei – genauer gesagt fünf, denn ich habe ja zwei Hände und Füße – Kontaktpunkte mit dem Rad. Je nach meiner Körperhaltung, dem Grad der Anstrengung, aber auch nach den Veränderungen des Untergrunds, vor allem seiner Neigung, verlagert sich mein Schwerpunkt innerhalb des Körpers, erhöht oder verringert er den Druck auf die Endpunkte. In einer Abfahrt beispielsweise steigt die Belastung der Arme – umso stärker, wenn ich eine Kurve anbremse –, dann wieder verlagert sich mein Schwerpunkt aufs Becken, sobald die Straße ansteigt. Und diese Balance muss mein Körper ständig verändern.

Der Radfahrer bewegt sich in einem geschlossenen, aber gleichzeitig wandelbaren Raum, begrenzt von den Kontaktpunkten zum Rad, die in sich beweglich sind und einen potenziell plastischen Raum entwerfen, dessen Form sich der Anstrengung angleicht. Sein eigener Schwerpunkt bewegt sich innerhalb des wasserdichten Beutels der körperlichen Hülle; wie eine zähe Flüssigkeit oder wie Quecksilber strömt er darin hin und her. Die unsichtbare Kunst des Radrennfahrers besteht darin, mit dieser Brandung zu spielen, um nicht bei der kleinsten Veränderung des Kurses oder des Renngeschehens gleich abgehängt zu werden. Denn darin liegt ja die größte Schwierigkeit. Da er sich nicht auf seine biologischen Komponenten beschränkt, sondern regelrecht aus einer Maschine besteht, muss der Körper des Radfahrers ein flüssiger Körper sein: Er muss ihm dienstbar sein wie Wasser, das sich unweigerlich ausbreitet. Wasser, in dem alles verschwindet und das durch alle Ritzen dringt, um an sein Ziel zu gelangen. Er muss den Anforderungen des Geländes begegnen und sich ihm anpassen, will er zwischen seinen zwei Rädern die richtige Balance finden.

Wenn man dem bloßen Augenschein in die Falle ginge und den Körper nur als Ding sähe, käme man zu der Annahme, dass ein Pedaltritt nichts ist und nicht die geringste Kompetenz erfordert. Dass diese Teufel von Radrennfahrern nur Kraftpakete sind, die sich an einer Maschine angeschlossen abstrampeln und eigentlich von deren Eigendynamik angetrieben werden. Natürlich ist nichts falscher als das.

Aus Gewohnheit sehen sich Rennfahrer als raue und harte Kerle, rollen mit den Augen und führen ihre fürchterlichen Keulen vor, doch darf man sich nicht täuschen lassen, die gröbsten unter ihnen sind nur unechte, simulierte Rohlinge. Denn um stundenlang über alle Hindernisse einer Radrennstrecke zu gleiten und damit aus einer *ad libitum* wiederholten Verkettung von Abfahrten, Kurven, steilen Anstiegen etwas anderes als ein Diskontinuum schlecht beherrschter Bewegungen wird, muss man zu unzähligen, ständig korrigierten Anpassungen in der Lage sein, deren Feinheit sich jeder Beschreibung entzieht. Man erwähnt es selten, aber schnell über die Pavés von Paris–Roubaix zu fahren, erfordert den Gleichgewichtssinn einer Ballerina. Die Fähigkeit, von der ich spreche, ist ein

Wissen höchster Ordnung, das eine spezifische Kultur mit einer außergewöhnlichen Empfindlichkeit verbindet.

Lange hing an der Wand meiner Toilette – es hat sogar zwei Umzüge überlebt – ein Foto von Johan Museeuw, das ihn 2002 im Carrefour de l'Arbre zeigt, einem der letzten Kopfsteinpflaster-Sektoren des Rennens. An einem normalen Tag hat Museeuw wenig von einem Balletttänzer (und dennoch, als er mir einmal, nachdem er die Tür geöffnet hatte, voranging, barfuß über Teppich und Parkett, versah sein muskelbepackter Hintern Haltung und Gang mit ebenso viel Grazie wie roher Kraft), aber dort, nach 250 Kilometern Matsch und Regen, das Trikot durchtränkt, die gesamte Körperoberfläche vor Kälte blutrot angeschwollen, da erinnert er an Kohlegruben, Gewalt oder Krieg, sicherlich nicht an Ballett. Jedenfalls nicht auf den ersten Blick. Seine Gesichtszüge verschwinden unter einer Kruste grauen Schlamms und seine Augen ähneln zwei Löchern voller Eiweiß, sein Mund einem fleischigen, ungeheuer rosafarbenen Schlund, feucht und obszön, aus dem vielleicht zwischen zwei Atemzügen ein Wimmern dringt, das nur er hören kann, dermaßen ist er eingekeilt zwischen dem Ansturm der Erschütterungen und dem Gebrüll der Kehlen, das seinen Kopf trifft. Was wir in der Sekunde hören, in der er an uns vorbeischießt, ist das Geräusch seines Rades,

Felgen, die aufs Pflaster durchschlagen, und die Kette, die auf den Rahmen peitscht. Sein Gesicht drückt allein Schmerz und Eifer aus. Sein nach innen gekehrter Blick ist schon jetzt, zehn Kilometer vor ihr, nur noch mit der Ziellinie verdrahtet. Hier spricht allein sein Körper, der das Spruchband der Anstrengung über die Schlaglöcher der Straße entrollt. Sein Becken ist auf dem Sattel weit nach hinten gerückt und man könnte meinen, dass er die Pedale von sich tritt wie ein Mann, der versucht, Trümmer beiseitezuschieben.

Doch ein Detail zieht den Blick auf sich. Seine Hände ruhen kaum geschlossen an den Bremshebeln und seltsamerweise spreizt sich sein kleiner Finger nach außen vom Lenker ab, als nehme er an der Anstrengung nicht teil und sei von der Greifbewegung ausgeschlossen. Unter anderen Umständen, in einem anderen Bild, bekäme dieses Detail eine völlig andere Bedeutung – man sähe den Finger durchaus am selben Platz, gekrümmt in epileptischer Zuckung. Aber es ist die gesamte Haltung seines Körpers, die verhindert, dass die geringste Spur von Verkrampfung zu erkennen wäre, denn paradoxerweise koexistieren da etwas vollkommen Entspanntes und die totale Anspannung in wütender Dialektik. In der Tat: Von der kleinsten Bewegung, sogar von der kleinsten neuronalen Information, die dem Rennfahrer aus der Höhlung der Handfläche zuströmt, hängt seine gesamte Haltung ab – wie bei einem Musiker, der sich je nach Spannung der Saite beugt und streckt. Wird die Anstrengung wirklich maximal, übersäuern Beine und Schultern, dann spürt er, wie seine Hände ihren Platz, ihren Griff suchen, und die geringste Änderung ihrer Position und Ausrichtung, die kleinste Fingerbewegung kann alles beeinflussen. Wenn er beispielsweise eine lange Steigung im Wiegetritt nimmt, den Lenker dabei längere Zeit mit den Händen an den Bremsgriffen fasst und sich auf seinen Pedalen gegen die Steigung stemmt, dann reicht allein der Umstand, den kleinen Finger von den übrigen zu lösen, für bemerkenswerte Veränderungen im Zusammenspiel der Muskeln: Deltamuskel, Rautenmuskeln und großer Rückenmuskel verschränken sich, ändern die Neigung des Beckens und so die gesamte Motorik der Beine. Der technische Blick von außen zerlegt jedoch eine Anstrengung, die der Mensch insgesamt aus einem Guss leistet. Denn genauso nimmt der Körper des Radrennfahrers sich wahr: Das Fleisch seiner Finger, das Nachgeben der Fußwurzel bei der Pedalumdrehung, die Effizienz seiner Rückenmuskeln oder des Quadrizeps, es ist alles aus einem Teig gemacht. Es gibt weder eine Distanz noch eine Entfernung zwischen dem, was von außen gesehen die einzelnen »Bestandteile« eines Körpers sind. Der Körper der Anstrengung ist ein Körper ohne Organe. Die Veränderungen, die er sich auferlegt, versetzen ihn in einen beinahe amöbenhaften Zustand; er passt sich nur als Einheit an, denn die geringste Empfindung einer Teilung würde zur Explosion führen. Dann nämlich ragen die Pflastersteine wie im Albtraum empor – »die in die Erde gesäten« Zähne eines Monsters treten hervor und formieren eine Armee von Soldaten – und aller Krafteinsatz und alle Geschwindigkeit sind dahin.

Alles andere als ein Beruf

Wie alle Wissenschaft fällt sie den einen leichter als anderen zu. Hier wie dort ist ihre Aneignung weniger eine Frage des Talents als der Überlieferung. In allen Pelotons, von den bescheidenen Amateuren bis zu den Profis, gibt es Bruderschaften und Erbfolgen von Radrennfahrern. Es gibt Brüder und Söhne, Enkel und Neffen von Rennfahrern. Man überliefert sich die Tricks und Schliche des Metiers und einen fast nomadischen Lebensstil, bei dem der Hausstand von Rennen zu Rennen übers Land wandert. In einer Familie von Radrennfahrern das Licht der Welt erblickt zu haben, bedeutet, die Gesetze des Metiers zu erlernen, wie man lernt, zu sprechen und sich zu waschen. Wer seine ersten Schritte am Rand eines Kriteriums zwischen der Luftpumpe und Ersatzlaufrädern gemacht hat – hinter dem Kombi, in dem Papa gerade in seine Radhose gestiegen ist oder Bidons gefüllt hat und wo er nach dem Zieleinlauf dann die Achseln mit einem kölnischwassergetränkten Waschlappen schrubbend sein Rennen mit einer Leidenschaft erzählt, dass er nicht einmal bemerkt, dass sein Nachwuchs gerade laufen gelernt hat –, wer im Spracherwerb als älteste und regelmäßigste Eindrücke solche Wettkampfberichte empfing, besitzt einen unschätzbaren Vorteil. Denn es ist eine Vorbestimmung, im Schatten dieses Mannes mit den vorspringenden Rippen aufzuwachsen, der seine Schenkel vorbildlich zwischen zwei Fingern massiert. Zumindest kann man sagen, dass es nicht ohne Folgen auf das Selbstbild bleibt, wenn man vom Fuße der beiden venendurchzogenen Stämme mit großen Augen die Arme ausstreckt und »Papa« sagt, sobald man diese eigenartig zweifarbige Nacktheit unter der Dusche entdeckt.

In den Familien, von denen ich hier erzähle, wächst man auf dem Fahrrad und bei Radrennen auf und erwirbt man seine erste Rennlizenz, wie man früher auf dem Land die erste heilige Kommunion empfing. Man entdeckt in sich den Sprinter, Rouleur oder Kletterer, wie man in Artisten- oder Zirkusfamilien zum Clown, Dompteur oder Akrobaten wird. Man entkommt hier wie dort ebenso wenig dem kampferöligen Wanderzirkus des Pelotons wie der stickigen Luft unter der Zirkuskuppel. Früh üben sich nicht nur kleine asketische Verhaltensregeln, beispielsweise nur so viel zu essen, wie der Trainingsumfang erlaubt, oder die akribische Auswahl eines Sattels oder Reifenpaars, sondern auch alle Finten und Täuschungsmanöver im Rennen. Wenn die Tischgespräche immer schon aus mythologischen Erzählungen von Vaters Heldentaten und seiner taktischen Trickkiste bestanden, geht man wissend und weise wie ein alter Hase an den Start seines ersten Rennens.

Umgekehrt taucht jemand, der sich eines schönen Morgens zum ersten Radrennfahrer seiner Sippe erklärt, plötzlich in eine neue Welt ein. Er muss noch viel lernen, er wird viele Fehler machen. Ich habe die Sonntage meiner frühen Kindheit nicht damit verbracht, am Rande von Rennen herumzufahren und mein Rad um die abgestellten Autos der Rennfahrer zu bewegen. Weder meinen freien Mittwoch noch meinen Samstagnachmittag habe ich hinter der Theke des familiären Radgeschäfts vergeudet, unter einem Himmel voller Laufräder und Reifen. Man hat mich nicht in die Geheimnisse der unterschiedlichen Kreuzungsmuster von Speichen eingeweiht, und noch weniger in die von Koffein und Aspirin, geschweige denn in die Geheimnisse des Sprints oder die Tugenden der Diät. Als ich meine ersten Rennen fuhr, war ich erst seit kurzem auf einem Rennrad unterwegs und noch voller Begeisterung damit beschäftigt, meinen Körper an die seltsam gekrümmte Haltung auf zwei Rädern zu gewöhnen. Gelbe Bläschen, Bläschen von weichem Licht tanzten noch auf dem Grund meiner Augen. Ich ließ nichts weniger als ein anderes Leben hinter mir und der Stolz der Entsagung schlug mich in seinen Bann. Ich war exaltiert und davon überzeugt, einen Schwur geleistet zu haben, der mich auf einen steinigen, windigen, schwierigen Weg führte. Die ganze Komödie von Zukunftsträumen einer Bestimmung nahm mich in Beschlag. Dem gewöhnlichen Leben eines Schülers zu entsagen, schwoll mir die Brust, von nun an war ich zu einer Routine bestimmt, die sich der Askese und dem Leiden verschrieben hatte. In unserer Familie würde ich der erste Mönch mit rasierten Beinen sein. Die physische Pein würde mein Banner, Qualen schreckten mich nicht und es sollte mein Körper als solcher sein, mein rohes Leben, das ich ausquetschen und auspressen wollte, um mein Dasein damit zu bestreiten. Schwerarbeit und Gegenwind. Ich wollte meines Familienromans würdig sein, mich auf der Höhe meines Vaters schinden, dessen schütteres Haupthaar bald ständig auf den grasbewachsenen Säumen meiner Rennen auftauchen würde.

Ich tat so, als würde ich anfangen, ohne je auch nur einen Gedanken daran zu verschwenden, Radrennfahren wäre etwas anderes als ein Beruf, dabei verstand ich überhaupt nichts davon. Ich war noch dabei, die

Fähigkeiten meines Körpers zu entdecken, und staunte über die immer größeren Distanzen, die ich bewältigte. Von den Vorzeichen des Frühlings bis zur Verfärbung des Herbstes waren alle meine Sonntage mit Rennen belegt. Bald darauf auch die restlichen freien Tage. Ich ging zur Schule und trainierte nach dem Unterricht, mehr und mehr und immer besser, je länger die Tage wurden. An Renntagen verließ ich unsere Familienwohnung im Morgengrauen mit einer Portion Spaghetti im Bauch, die Beine unter dem Trainingsanzug waren bereits mit Salbe eingerieben.

Und sobald der Startschuss fiel, bereitete mir die Verausgabung ein solches Vergnügen, dass ich immer, so schnell ich konnte, an die Spitze des Feldes fuhr. Ich verzehrte mich mit einer solchen Hingabe, als wollte ich vor allem keinen Lohn für meine Mühen. Natürlich wusste ich, dass so etwas den taktischen Vorgaben widersprach, ja, sogar geradeheraus ein Fehler war. Es war klar, dass man mir diesen Übermut bald vorwerfen würde, und ich stellte mir schon vor, wie mein Vater und mein Trainer mir mit wütenden Blicken folgten und sich die Haare rauften. In diesem Fall war es nicht notwendig, aus einer Radfahrerdynastie zu stammen, um zu wissen, dass ich mich mit aufgerissenem Mund gegen die Windstöße verausgabte, während mein Hintermann gut geschützt ein Drittel seiner Energie sparte. Und in seinem Gefolge alle Fahrer bis zur siebten, achten Position sogar fast die Hälfte ihrer Kräfte. Ich fuhr wissentlich in mein Verderben und würde bald die Segel streichen und hilflos zusehen müssen, wie meine Konkurrenten Stück für Stück an mir vorbeiziehen würden, ohne mich eines Blickes zu würdigen, so wie man achtlos um einen alten Reifen herumfährt. Trotzdem beobachtete ich unter meinem Ellenbogen hindurch die Reihe meiner Verfolger und ließ mit einer Fingerbewegung die Kette auf das kleinere Ritzel fallen, um nochmals zu beschleunigen. Für mich ging es nur um den Wind und den freien Horizont. Ich wollte allein an der Schwelle zur Welt stehen, der Rest war unwichtig.

Es sollte Jahre dauern, bis ich aufhörte, mir dieses Märchen zu erzählen, und begann, mich etwas besser anzustellen. Vielleicht, um ganz einfach zu begreifen, dass die Poesie des Radrennfahrens nicht so naiv war, sich allein auf Märtyrerlegenden und Heldenopfer zu beschränken. Denn es ist besser, wenn der Stärkste fast nie gewinnt, da dieser Unterschied, diese Differenz zwischen dem Stärksten im Rennen und dem Besten, die Daseinsberechtigung des Metiers ist. Diese Lektion ist nun einmal nicht gleich jedem Novizen verständlich und für einige, zu denen ich mich zähle, bedarf es gehöriger Enttäuschungen, sich das einzugestehen und die eigene Schläue zu genießen. Daran zu arbeiten, den Stärkeren zu Fall zu bringen.

Im Laufe seiner Entwicklungsjahre kann ein kraftvoller Fahrer, ein Bursche von robuster und unverschämter Konstitution, seine Mitstreiter beherrschen, ohne etwas anderes tun zu müssen, als im richtigen Moment anzutreten. Aber seine Konkurrenten vernichtend zu schlagen, allein davonzuziehen und alle zu distanzieren, setzt schon eine gewisse Schwäche der Gegner voraus.

Wenn der junge Rüpel im Zug seiner Siege die Altersklassen durchläuft, wird er lernen, in seinen Aktionen weniger willkürlich zu sein. Wenn er dann in immer erfahrenere und schnellere Pelotons vordringt, schrumpfen die Freiräume, in denen er wie ein wildes Tier in einem Zuckerrohrfeld ungestraft herumtollte, die Fehlertoleranz nimmt ab. Seine früher tödlichen Antritte sind auf einmal wirkungslos und lächerlich, nur durch Lernen wird er überleben. Und durch List. Am Kopf des Pelotons fahrend lässt man, außer unter Anfängern, niemand hinter sich. Man muss eine Möglichkeit finden, seine Gegner zu überraschen, indem man einen sauberen, schnellen Bruch erzeugt, der eine Verwirrung stiftet, auf die sich bauen lässt. Die anderen zwingen, sich zu zeigen, um einen Moment der Schwäche zu nutzen. Aber sie »am Hinterrad platzen zu lassen«, sie also abzuhängen, während sie im Schutz des Windschattens sind? Nein, keine Chance – das ist der infantile Wahn, die anale Phase des Radrennfahrers. Wer mit anderen im Schlepptau wie irre beschleunigt, spannt nur das Katapult, das die kleine Fluchtgruppe an ihm vorbeischleudern wird, unerreichbar weit nach vorn. Die Meute hinter ihm antizipiert aufgrund seiner Atmung. Irgendwann ist der Moment der Übersäuerung und damit einer winzigen Verlangsamung gekommen. Mit einem Schlag wird er alles verloren haben: In dem Moment, in dem er auf seine Füße schaut und ein wenig Luft holt, wird er sie davonziehen sehen, ohne Hoffnung auf Wiederkehr.

Er kann also nicht mehr alles zerschmettern und hat schließlich verstanden, dass in sinnloser Verausgabung keine Tapferkeit liegt. Um also seiner Leistung ein schöneres Gesicht als das des erschöpften Kämpfers zu geben, wird der pedalierende Lehrling sich nach Hilfe von außen umsehen: Er wird um sich herum nach den Kräften suchen, die mittlerweile seinem Körper fehlen. Vielleicht mobilisiert er seine Schauspielkünste oder er erinnert sich an seinen Physikunterricht. Oder an Judo. Die Kräfte des Gegners zum eigenen Vorteil nutzen. Dieser Körper, den man statisch nicht besiegen könnte und dessen Schwung und Gewichtsverlagerung man zu seinem Vorteil nutzen muss, ist das komplette Peloton als Ganzes. Der Radrennfahrer lernt also, auf den tragenden Strömungen zu segeln und sich an den Hebel des Katapults zu begeben – in den Löffel.

Aber es geht weiter. Einmal vorne im Rennen und in erlesener Gesellschaft, wird er seine Vorsicht verdoppeln. Er wird nicht zeigen, wie reich er ist, wird den Schatz nicht aufblitzen lassen. Sobald ein Funkeln der Schatzkiste entweicht, ist es um ihn geschehen und er wird zahlen müssen. Also wird er mit höchster Sorgfalt das Pedal streicheln und zur Wahrung des Tempos nur den allernötigsten Preis zahlen. Er wird Leid vortäuschen und dafür entsprechende Gesichtsausdrücke benutzen, vielleicht seine Zunge ein wenig zeigen, seinen Kopf hin- und herwiegen, sich etwa mit ein wenig Rotze schminken, um Verzweiflung zu markieren – aber nicht zu viel davon. Kurzum, er wird die Komödie des Leidens so glaubwürdig wie möglich spielen, damit seine Gegner einschlafen und die Führungsarbeit nicht zu lange dauert. Das Spiel besteht darin, über eine Renndauer von vier, fünf Stunden sein Bestes für den Schluss aufzubewahren. Eifersüchtig den Funken verbergen. Die Flamme weitertragen. Man greift nicht zwei Mal an, es geht darum, eindeutig zu sein, das Peloton zu zerlegen und die Spitze zu übernehmen.

Das Monster

Das Fleisch teilt sich. Jeder hat seinen Teil beizutragen. Aus dem Hubschrauber sieht man einen Fluss, der sich wie dickflüssiges Blut an Engpässen und Kurven staut, eine Schlange, die sich zerteilt, um einen Kreisverkehr herumgleitet und wieder zusammenwächst, bevor sie sich erneut in die Länge zieht.

Der Begriff *peloton,* verwandt mit *pelote,* »Knäuel«, bedeutet im Französischen ursprünglich so viel wie »Trupp«, »Rotte« oder »kleiner Haufen«, aber im radsportlichen Zusammenhang kann man sich auf diesen Wortsinn offensichtlich kaum verlassen. Denn es ist nicht nur selten, dass ein Peloton von Radrennfahrern sich zusammenballt – noch seltener erinnert es an ein Wollknäuel –, vor allem aber ist es unglaublich formbar, um nicht zu sagen: erschreckend labil. Es ist modellierbar, das ist das mindeste, was man sagen kann: Geformt wird es vom Wind, der Strecke und den Absichten der Individuen, aus denen es besteht.

In einer ersten Annäherung könnten wir sagen, wir haben das schöne Schauspiel eines elastischen und vielfarbigen Körpers vor uns, dessen unterschiedliche Ausprägungen sich natürlich je nach gewähltem Standpunkt verändern. Man wird völlig unterschiedliche Eindrücke von ihm gewinnen, je nachdem, ob man ihn auf Augenhöhe betrachtet oder verschiedene Positionen weiter oben wählt und ob man ihm von einem festen Standpunkt oder in Bewegung folgt. Doch fast immer ist es eine animalische oder organische Metapher, die dem Betrachter in den Sinn kommt.

Nehmen wir ein wenig Abstand. Es dehnt und staucht sich, streckt und kontrahiert sich, schmiegt sich an Erhebungen und Kurven, aber solange sie nicht wie Murmeln aus einem aufgeplatzten Beutel kullern, ähneln diese zweihundert farbigen Pinseltupfer den Schuppen eines chinesischen Neujahrsdrachen.

Ja, diese Wunderhaut ist unendlich dehnbar und wenn sie vor uns reißt, glauben wir es kaum, so fest wird sie von unsichtbaren Bändern zusammengehalten. Das Gelände, die Straße, deren Relief das Tier abpaust, die Kehren, die ihm in den Bergen das fließende, schlangengleiche Aussehen verleihen. Im Anstieg reibt es sich auf der Straße mit der Langsamkeit einer Natter auf, schleift seinen Bauch über den brennenden Asphalt, so heiß, dass er nach einem Schauer gleich wieder trocken ist. Dabei kann man beobachten, dass sich den Leuchtfarben nackte Gliedmaße hinzufügen, schweißgebadete Muskeln in Kupferglanz. Das Peloton stürzt sich in die Abfahrt wie die Aspisviper, die der Sage nach aus dem Obst herausschoss und Kleopatras Schicksal besiegelte.

Nach der Rückkehr in die Horizontalität und Geradlinigkeit der Ebene gleitet es lautlos unter größeren Himmeln oder einer Gewitterhaut dahin. Der Wind formt es (nie sollte man dessen passive Komponente vergessen, denn Fortbewegung erzeugt ihren eigenen Sog). Es spitzt sich zu, zieht sich in die Länge. Spindelförmig bewegt es sich vorwärts, dünnt sich zum Ende hin aus und schleppt ein Wölkchen Fahrer hinter sich her, die abreißen lassen. Hier und da löst sich plötzlich eine Schuppe von seinem Rumpf.

Greift der Wind von vorn an? Dann und für diesen Fall verdient das Peloton seinen Namen: Es verdichtet sich, rottet sich zusammen, geht langsam und stetig vor, Schritt um Schritt gegen den feindlichen Luftstrom wie eine römische Phalanx, die den Gegner zurückdrängt. Aus sportlicher Sicht hat man in solchen Situationen nicht viel zu erwarten: Sie sind ein buchstäblicher Ausdruck des Begriffs *Ausdauer* – wenn nicht gar der Langeweile, denn niemand erhält hier für geleistete Trainingsstunden angemessenen Lohn – und da auch der Zuschauer sich langweilt, ist diese Erfahrung beiderseitig. Bei der kleinsten Dejustierung aber kommt wieder Leben ins Aggregat. Es zieht sich auseinander und bildet einen Pfeil, dessen Spitze auf den Straßenrand zeigt, genau in die Richtung, aus der der Wind kommt. Wie biologische Präparate unter dem Mikroskop verschieben sich schrägversetzt farbige Bestandteile des Pelotons und formen, was sie selbst eine »Windstaffel« oder einen »Fächer« nennen. Jeder einzelne dieser Fächer entfaltet sich auf ganzer Straßenbreite und erlangt eine funktionelle Eigenständigkeit. Ebenso wie bei der Zellteilung lösen sie sich nach Art bestens eingespielter Ballettformationen von der Mutterzelle ab: Und wenn ihnen nicht ein zweiter oder dritter (und so weiter) folgt, werden sie den Gesetzen des Windes gemäß das Weite suchen.

Der Wind entblößt und desorientiert die einen, während er die anderen ummantelt und führt.

Genau wie es in der Arena einen Ort gibt, den man »den Quadratmeter des Todes« nennt, finden sich im Peloton Gefahrenstellen, die Schwachpunkte dieses großen Körpers. Wer an eine solche Bruchstelle gerät und sich zu lange dort aufhält, ist dazu verurteilt, unweigerlich den Anschluss zu verlieren. An diesen Orten kreuzen sich die Strömungen, es wüten unüberwindliche Stürme, Tornados, denen noch nie jemand lebend entkam, löchern die Haut des Monsters. Der

Umstand, dass diese Übergänge und Orte der Vernichtung genau bekannt sind, bewahrt nicht vor einer gewissen Panik. Sobald nämlich der erste »Fächer« die ganze Breite der Straße einnimmt, öffnet sich der nächste nur zögerlich, rollen die nachfolgenden Fahrer hintereinander her und bilden eine kleine Peitsche, die sich am Rand der Straße entlangzieht. Da die Geschwindigkeit das Peloton gefährlich weit in die Länge zieht und das Tempo nur im Sog des Vordermannes aufrechterhalten werden kann, ist in diesem Kometenschweif von zwei Plätzen nur einer ohne Schleudersitz. Wehe dem Geraden oder Ungeraden; wer zuerst dem Wind eine Angriffsfläche bietet, wird erst durchgeschüttelt und dann unweigerlich von einem Windstoß davongetragen. Er kann sein Vorderrad nicht mehr zwischen das Hinterrad des Vordermannes und den Straßenrand zwängen und muss daher, um seinen Platz zu behaupten, mit angespannten und zitternden Armen seine Anstrengung unter Sturzgefahr verdoppeln: Der Unglückliche weiß, dass sein letztes Stündlein geschlagen hat. Seine einzige Chance, bevor er übersäuert und so seine Steuerkunst und damit an Autorität verliert, besteht darin, so zu *tun*, als könne er nicht mehr folgen, und sich leicht auf die Seite tragen zu lassen: Dabei zählt er auf einen Mangel an Kaltblütigkeit des nachfolgenden Fahrers, der den Abstand anwachsen sieht und seinerseits an diesen winddurchfegten, feindlichen Platz vorstoßen wird.

So die Götter es wollen und der Wind bald nachlässt (oder das Rennen in einer Landschaftsfalte verschwindet, die es dem Wind entzieht), rottet sich der Schwarm wieder zusammen, ordnet sich wieder, wimmelt und summt von neuem und zählt seine Verluste. Für einen Moment wird durchgeatmet, genau wie man mit dem Rücken zum Schützengraben auf die nächste Angriffswelle wartet (und wenn man ihn, den Wind, kommen sieht als grollenden Tumult hinter aufgewirbelten Staubgebäuden, kann man sich ihn gut als plünderungswütige Horde vorstellen).

Wichtig ist zu verstehen, dass seine protozoische, einzellerhafte Fortbewegungsweise, bei der er jede Gestalt seiner Umgebung annimmt, Fahrer verschluckt und andere ausspeit, auf einem organischen Prinzip beruht. Das Peloton entblättert sich vorne und hinten. Die Erschöpften geben der fatalen Schwäche nach, die in seinem Kielwasser herrscht, während an der Spitze die effizientesten Fahrer mit niesender Heftigkeit abgesprengt werden. Die Massensprints dagegen liefern ein wunderbares Bild des Überschwangs, der letzten Zuckung, mit der es den Sieger über die Ziellinie ejakuliert. Erst nachdem es sich lange geschüttelt und bewegt hat und Stufe um Stufe die

Sprossen der Lust erklomm, kommt ihm die archaische Fähigkeit zu, seinen eigenen Propheten zu erwählen und ins Sein zu stoßen.

Einmal mehr stehen Sie etwas wacklig am Rand einer Straße, zwischen Klee und Butterblumen. Es naht. Schließen Sie jetzt halb die Augen, ganz locker – Sie müssen sich von der irreführenden Deutlichkeit klarer Umrisse befreien –, um es besser zu sehen, sein Vorüberziehen zu spüren, samt den Streicheleinheiten seiner Wirbel. Atem und Staub. Sie werden beginnen, das große Tier zu verstehen, das da rauscht, schwitzt und riecht und wahrscheinlich weit mehr ist als die Summe der makellosen Körper, aus denen es besteht. Saugen Sie die dumpfe Patina ein, die unter dem Glitzern und aus der Tiefe der Farben das Tageslicht beschwert. Während vor Ihrer Nase die fettigen Schimmer eingeölter Körper vorbeiziehen, während diese beinahe nackten Lidschlag-Männer, die den sommerlichen Kalkdunst löschen oder Goldtöne des Herbstes salben, hintereinander herjagen, erschaudert ein und dasselbe Fleisch. Das Peloton zieht, wie jedes lebendige Wesen, die Leere seiner Abwesenheit nach sich, eine von seinem Durchzug geschaffene Raumblase, in der für einige Sekunden alles scheitert und zerfällt.

Seine Kohäsion ist so real, dass die Grenzen der Persönlichkeit durchlässig werden. Am Rückenmark aufgespießt, gießt jeder sein Blut ins Herz des Schmelztiegels, stellt seinen Atem und seine Existenz in den Dienst des hundertmäuligen Monsters. Auch wenn sich ein Rennfahrer in gewissem Abstand zum nächsten befindet, ist seine Leistung nie von jener der anderen entkoppelt. Diese Hydra hat Ausmaße des Meeres und die Fließfähigkeit von Wasser. Sie ahmt den Atem der Brandung nach, den Wechsel von Ausdehnung und Kontraktion, aber auch ihre Doppelnatur, denn unter der Stille der Oberfläche grollen gewaltige Wogen. Diese Strudel sollte man über die Monate und Jahre hinweg bestens kartiert haben, um auf gefahrlose Navigation zu hoffen. Wenn sie schon nicht bekannt sind, so wollen sie erraten sein, damit auf dem Weg zur Spitze des Feldes die Hände nicht am Ruder aufgerieben werden und man sich mühelos in die Elite einreiht. In diese Strömungen muss man sich gleiten lassen, die richtige wählen, selbst wenn das bedeutet, auch an unedlere Stellen, wenn nicht gar bis an die Ausscheidungsorgane weitergereicht zu werden. Doch es verschafft einen Vorteil, und der besteht darin, eine neue Strömung zum Leben zu erwecken und damit die Welle zu erzeugen, ihre Grundlagen zu schaffen, um später geschickt auf ihrer Krone zu reiten. Dann ist es der Lebensstrom des großen Körpers, der die Arbeit leistet. Man entkommt ihm, wenn man ihn an der richtigen Stelle erregt. Unter den Rädern des Könners schwillt die Woge an und die Welle richtet sich auf, die ihn schließlich an die Gestade weit vorn bis auf den Sand der Einzelleistung schleudern wird. Wenn dann das organische Band zum Kollektiv durchtrennt ist, muss er um sich einen neuen Schutzwall ziehen, sich in der »inneren Burg« einrichten, von der Marc Aurel sprach, damit die Auswirkungen der freiwilligen Anstrengung ertragen werden.

Intimitäten

Dieses Peloton explodiert beim Überfahren einer schlichten weißen Linie. Auf einmal fällt es auseinander. Auf einmal hört das wunderbare Gleiten auf und Millionen farbiger Partikel tauchen an die Oberfläche empor und verteilen sich zwischen Fußgängern, die sie belagern. Sie geben sich den mütterlichen Handgreiflichkeiten ihrer Pfleger hin – diese bedecken ihnen die Schultern, waschen ihre Gesichter und reiben sie trocken, richten ihnen fast zärtlich die Frisur und öffnen die Getränke, die sie an ihre Lippen führen. Sie stellen sich den Fragen, die man ihnen stellt, und antworten, weiter schwitzend, während man sie schwankend durch ein Labyrinth von Metallgittern führt, an die sich anonyme Hände klammern, antworten am Bus und in der Dusche, antworten, die Kappe des Sponsors ins Gesicht gezogen, vor Kameras und Mikrofonen.

Das Fabelmonster fliegt nicht mehr über die Straßen, aber das Peloton verschwindet nicht. Die unsichtbaren Verbindungen, die der Wind den Tag über gewebt hat, lösen sich nicht auf, sein magischer Körper dringt am Abend in die Städte und ihre Hotels vor. Auf den Fluren herrscht ein mehr oder minder lautloses Treiben, das fast unhörbare Knautschen der Sportschuhe auf Teppichen wird bis lang in die Nacht andauern – der Bienenkorb ruht nie ganz. Mechaniker, Trainer, Ärzte, Manager, Physiotherapeuten, Journalisten, Offizielle: Die Pflegebedürfnisse erfordern ganze Armeen.

Die Radrennfahrer leben den größten Teil des Jahres unter sich, wie Tiere einer Herde, die dem Wechsel der Jahreszeiten folgt.

Kurz vor oder nach dem Abendessen kommen sie an die Reihe, betreten durch dieselbe Türe einen von starken Essenzen geschwängerten Raum, entkleiden sich dort und strecken sich mit dem Kopf voran auf der tuchbespannten Bank aus, legen ihre Gerippe wie ein Ding ab, wie eine Opfergabe auf dem Altar. Die starken, ölgetränkten Hände des Masseurs strecken sich vor, greifen einen Fuß, den er auf seiner Schulter ablegt. Unter dem gleichmäßigen Schmatzen der gewalkten Haut kommen die ersten Worte. Die Handballen steigen von der Fußwurzel den Unterschenkel hinauf, die Finger dringen zur Wade vor und dann in die Masse des Oberschenkels ein, über den Hintern und auf den Rücken des ausgestreckten Mannes, holen die Worte aus der Tiefe des Körpers, sammeln sie und führen sie an die Lippen zurück. Dann dringen aus dem verdeckten Gesicht am anderen Ende des Tisches die Erzählungen des Tages, strömen über dem Boden aus. Die Schmerzen und Leiden, Frustrationen und Erschöpfungen, welche die Muskeln und die Zukunft verfinstern. Einen langen Moment später richtet sich ein wiederhergestellter, von seinen widersprüchlichen Stimmungen gereinigter Mann am Rand des Tisches auf, die Stirn des Pflegers perlt von Schweiß. Mit erfrischten Beinen in die Jeans gleiten, die schweren Düfte von Latschenkiefer, Eukalyptus, Minze oder Lavendel verlassen und zwischen den Vorhängen gedimmter Flurbeleuchtung sein trautes Heim wiederfinden.

Radrennfahrer teilen alles oder zumindest fast alles. Den Wind und das Leiden, den Regen, die mörderische Hitze, die endlosen Etappen unter niederschmetterndem Blau. Den harten Schmelz des Sommerhimmels genauso wie die unförmigen Wolkenwirbel. Das Radrennfahren bevorzugt keinen bestimmten Zeitraum des Tages: Es nimmt den Tag völlig ein. Die Fahrer leben im Fahren. Im Tosen der Rennen und in deren Ruhezonen mimt man die irdische Existenz. Animalisch und politisch. Es wird sich dort an- und ausgezogen, gegessen und getrunken, gehofft und verzweifelt, man redet miteinander und schlägt sich ab und zu, man besucht sich, wenn man sich lange nicht gesehen hat. Champions genießen Sonderbehandlungen und fast so etwas wie Leibwächter, an denen man wie an einem Türsteher vorbei muss, wenn man sich ihnen nähern will. Wenn sie abends kein Rad mehr zwischen den Beinen haben, erweitert sich ihr Leben um einen zweiten und manchmal dritten Kreis – die, mit denen sie arbeiten, und jene, denen sie sich mehr oder minder freiwillig aussetzen. Aber, was sie ihrerseits eint, ist das Schweigen, denn die Heftigkeit der Rennen, deren Last sie miteinander teilen, hat der Stille einen Platz geschaffen. Sie besteigen denselben Bus oder dasselbe Auto, bevölkern zur selben Zeit dieselben Bahnhöfe und Flughäfen und tragen die gleichen Taschen unter den Armen. Zu Tisch treffen sie sich als Mannschaft und essen wie brave Kinder in identischen Trainingsanzügen um eine Tischdecke versammelt, die nur von Früchten und Müslischachteln aufgeheitert wird. Zweihundert Tage im Jahr teilen sie ihre Zimmer und alle Düfte, die ihre Koffer aus allen Ecken der Welt zurückbringen. Sie breiten ihre Wäsche und die Pflaster aus, als biwakierten sie in der Wüste, halten die Füße gegen die Wand, wenn sie sich auf dem Bett langmachen, und cremen den Sonnenbrand auf ihrer Nase ein, während sie nach Hause (falls sie eins haben) telefonieren. Der Fernseher an der Wand redet ins Leere. Zu zweit oder gemeinsam versuchen sie jeden Abend, den unausgesprochenen Block von Angst und Aufregung aufzulösen, ein stiller Bodensatz ihrer hyperaktiven Existenz. Nicht selten hängen sie in Trauben auf den Kunstlederbezügen der Hotelbars herum, von wo sie, um den Ruf zu wahren, vielleicht ein paar Flaschen mit aufs Zimmer nehmen, oder sie verteilen, wenn es spät wird, ein paar Betäubungsmittel, eine Runde Gras als Ersatzhostien. Heilmittel des Geistes. Die körperlichen und alkoholischen Disziplinen treffen einander und schließen den Kreis der Gegensätze.

Es gibt fast keine Intimität, die sich der Beteiligung aller am Leben des großen Körpers der Rennfahrernation entzieht, ja, sogar die Schwindelgefühle der Liebe können dabei zu kollektiven Taten werden. Auch Sex ist eine Theateraufführung, bei der sie sich dem Blick von ihresgleichen genauso wie dem des Partners vorführen – und wenn sie ihre Liebesakte nicht schon öffentlich exponieren, so machen sie daraus kein Geheimnis. Hostessen mit nicht minder nomadenhaftem Leben wie sie und lokale Schönheitsköniginnen fühlen sich angesprochen und lassen sich gehen, nähren den phantasmatischen Körper des Monsters mit dem Stöhnen der Liebe. Wenn sich aber dann die lilienweißen Kinderrümpfe zwischen weiße Laken breiten, sind sie fast immer allein.

Gnade und Ungnade

Auf der Bühne seines inneren Theaters spielt der Radrennfahrer wie jeder von uns mehrere Rollen. Manchmal gibt er vor, er würde lernen, und natürlich liebt er die Frauen, ja, auch seine Frau und seine Kinder, ein andermal nimmt er die Pose des Lesers ein und stellt auf einem kleinen Tisch seinen Computer auf, über den er wissbegierig den Rücken beugt. Ihn selbst aber täuschen die Posen, die er einnimmt, nicht. Stützt er seine Ellenbogen über ein Buch, das er kaum versteht, und nimmt den Kopf dabei in die Hände, dann wird er den Eindruck nicht ganz los, sich gerade über einen Vorbau zu neigen, um schneller fahren zu können. Auch wenn er einer Mauer gegenübersitzt, fühlt er den Wind über seine Schultern strömen. Stufen kann er weder einzeln noch doppelt nehmen, ohne sich obsessiv an die unterschiedliche Kadenz der gewählten Übersetzung zu erinnern. An dieser Stelle könnte er sich bestimmt vieler ähnlicher Gedanken schuldig bekennen, bei denen Alltagsbewegungen ihn unangemessen an bestimmte Positionen auf dem Rad erinnern. Vielleicht ist er immer auf der Suche nach einem Siegerstrauß. Was ihn auch immer gerade beschäftigt, der Radfahrer in ihm kann jederzeit in seinen Alltagsgesten auftauchen.

Zu Recht kann man behaupten, er habe dieser speziellen Übung so viel Zeit und Energie gewidmet, dass diese Veranlagung in ihm alle übrigen verdrängt. Ja, so viel Zeit und Energie, gewiss. Dennoch fällt es nicht leicht, die ungeheuerliche Verausgabung einzuschätzen. Man kann sie natürlich in Form mechanischer Energie quantifizieren, so wie es die derzeit im Radsport herrschenden Gesetze verlangen, und als Beziehung zwischen zwei Messgrößen darstellen, der Dauer einer Anstrengung und der dabei aufgewandten mechanischen Kraft. Das aber wäre so, als reduziere man den ganzen Reichtum an Ausdrucksmöglichkeiten eines Gesichts auf wenige grobe Züge und Grimassen. Das Gesicht der Anstrengung wird dabei ebenso unkenntlich bleiben wie marxistisches Gedankengut auf einem »Che Guevara«-T-Shirt.

Diese Leistung, die so auf die Erzeugung einer gut kalibrierten Bewegungsabfolge reduziert würde, kann jedoch kein maschinelles Produkt sein; sie setzt ein Subjekt voraus, das heißt ein ortloses Prinzip, das sich daher der Messbarkeit entzieht. Um der Wirklichkeit der Leistungsentfaltung oder dem Kern seiner Wahrheit nahezukommen, bedarf es eines Porträts, zumindest aber eines Aktes der Kontemplation. Im engsten Wortsinne erlangt die Erzählung hier den Wert einer Methode, wird zum Mittel des Erkenntnisgewinns.

Angenommen also, es sei Sommer. Die Tour de France läuft. Die Bilder des Rennens beschäftigen das kollektive Unterbewusstsein so stark, dass jeder sich von einem »Ausreißer« leicht sein eigenes Bild machen kann. Meistens wird man sich diesen in einer grandiosen Berglandschaft vorstellen, im Anstieg eines gnadenlosen Passes kämpfend, dem diese Leiden völlig gleichgültig sind. Man könnte ihm die Züge und die Haltung des Franzosen Thomas Voeckler geben, schmerzverzerrt und mutig, sich mit offenem Trikot in einem unsteten Stil vorwärtskämpfend, der aus Ungeduld und Neubeginn besteht.

Oder man wählt als Gegenbeispiel die unerschütterliche Eleganz eines Alberto Contador, dessen Pedaltritt schneidig wie eine Klinge ist – die Kurbelarme kreisen wie Lichtschwerter eines Leuchtturms in der Nacht –, so wie man ihn beim Giro 2011 im Anstieg hinauf zum Ätna beobachten konnte. Nach den ersten schattigen Serpentinen, deren ungestörte Frische und Ruhe mit dem Verschwinden der Bäume ihm plötzlich entzogen wird, kommt er im blendend hellen Juli heraus und erste Anfeuerungen überfallen ihn in immer kürzeren Intervallen. Bald kommt es zur Überhitzung. Wie in den vorangehenden Anstiegen schwitzt er dicke Tropfen, und er weiß, dass dort im Schatten des kleinen Steinhauses zu seiner Linken sofort eine Salzkruste seine Augenlider bedecken würde, aber das ist ein böser Gedanke, den er mit vielen anderen in einem Schaudern abschüttelt. Motorräder bahnen ihm den Weg, schaffen ihm eine sehr kurzlebige Schneise im Menschenmeer, das nun, soweit möglich, auf ihn einstürzt. Eine Kamera leckt ihm Gesicht und Beine ab. Dabei streift ihn der Gedanke an die eigene Leidensmaske, sein von Anstrengung verzerrtes Gesicht, das jetzt den gesamten Bildschirm einnimmt – komm, denk nicht drüber nach. Er spuckt aus, wischt sich das Gesicht mit dem Handschuhrücken, senkt den Blick auf seine Schuhe, richtet sich auf – *allez*, mit vorgerecktem Brustkorb wirft er sich von neuem in den Ozean der Grimassen und Schreie, der hinter ihm, kaum von der Bugwelle der beiden Motorradfahrer geschützt, wieder in sich zusammenfällt. Er sucht sein Tempo in einem unbeschreiblichen Lärm der Stimmen und Farben. So weit zum Spektakel.

Dessen Lärm jedoch erreicht ihn kaum – sonst nämlich würde die schöne Einheit seiner Bewegungen verlorengehen und in Stücke zerfallen.

In gewisser Weise bleibt ihm immer alles fremd, denn er gestaltet weniger den Raum, der ihn umgibt, als den Innenraum, auf den ihn seine Maschine beschränkt, und die Position, in die sie ihn zwingt. Man könnte es anders ausdrücken, ja, umkehren, davon ausgehend, dass ihm nichts fremd ist und er die Außenwelt in einen inneren Raum umwandelt. Alle Bestandteile der Landschaft werden von ihm zu einer Einheit verschmolzen, die von der Welt abgespalten ist und sie gewissermaßen doppelt. Und doch bleibt aus Sicht des Zuschauers die Pedalbewegung unspektakulär. Schließlich wird der gesamte ihn umgebende Raum, dieser kleine sichtbare Teil, zu einer vibrierenden Aura, die ihn umschließt und die er mit sich über das Band der Straße führt.

Für ihn ist es eine Sache des Rhythmus – sogar von Rhythmen. Alles muss nach seinen Zielen und Tempovorgaben aufeinander abgestimmt sein: der Atem, das Blut, die Muskeln. Der Puls, die Lunge, die Kadenz seiner wie Kolben auf und ab schwingenden, glänzenden Knie. Doch all die Organe und unendlichen Zellgewimmel, die sich zu seinem Körper verbinden, die Bakterienstämme, die sich in seinem

Stammbaum perpetuieren, alles, was er zu beherrschen vorgibt, ist jederzeit bereit, in viele unterschiedliche und obskure Vorhaben auseinanderzufallen.

Denn alles widerstrebt, nicht insgesamt, nicht frontal, nicht in völliger Negation seiner Absichten, jedoch ist alles Dissonanz und hallt wider von Stimmengewirr: Diesen Stimmen muss er Gehör schenken, Konflikte beilegen. Alles widersetzt sich und erzeugt diese Hochspannung – die oszillierende Ausdehnung eines Widerstands, den er besänftigt, umwandelt, sich aneignet: sein Leben. Die widersprüchlichen Stimmen moderiert er, stimmt sie ab und überzeugt sie noch mit Leichtigkeit. Zunächst braucht er nicht zu lügen: In der Hierarchie, deren Spitze er einnimmt, lässt er jeden für sich leben. Alles, was er will, ist schnell fahren. Von einer Kehre zur nächsten klettern, auf einer Straße, deren Ende er nicht einmal kennt. Seine Konkurrenten auf Abstand halten, deren Keuchen in seinem Rücken er mehr als alles andere fürchtet. Im Augenblick gelingt es ihm. Die Luft, die in seinen Bronchien pfeift und die er in die Tiefe seiner Lungenbläschen drückt, wird ihn am Ende völlig durchdringen. Sein Nacken und seine Schultern sind entspannt, er fühlt die Kraft seiner Beine, die von den Nieren bis in die Fußspitzen in großen Zügen einen brennenden Sirup durch die Masse seiner Muskeln gießt und sich unter seiner Haut ausbreitet wie heiße Ölfarbe. Er hält sein Tempo. Er kostet es aus – und es dauert an. Kein dummer Gedanke stellt sich ihm in den Weg – noch verführt ihn nichts oder rät dazu, etwas kürzer zu treten. Das eigene Gewicht im Anstieg, der mechanische Widerstand seines Pedals sind allein seine Sache. Seine physische Existenz ist im Einklang mit den Bildern, die an seinen Augen vorbeiziehen und auf seiner Zunge anschwellen – sie schmilzt.

In all den Stunden, in denen er dahinrollt und sich antreibt, schnell zu fahren, lebt er mit dem Blick nach innen – das verraten diese berühmten Momente, in denen er sich sammelt oder den Blick senkt; was er dabei nämlich mimt, ist die Einkehr, die seinen Augen erlaubt, auch ins Innere zu sehen. Es geschieht so, als würde sich unter den Pedalen, den Rädern und gleichzeitig in seinem Körper mit jeder Muskelkontraktion ein Raum auftun, dem er die Dimension einer Kathedrale geben möchte. Während er tiefer gräbt, untersucht er die Schattenwelt dieses Schachtes, in der sich andere Initiativen als die seinen verbergen und mit denen er nicht anders als zusammenarbeiten kann.

Im Pedaltritt lässt er Asphalt und Zeit hinter sich. Er sieht seine perfekt satellitischen Füße in seinen schönen Schuhen (er liebt seine Schuhe), und während er sie bewundert, genießt er es, sie zu fühlen. Am Höhepunkt seiner Anstrengung befindet er sich im Gleichgewicht. Er hält sich im richtigen Abstand – exakten Widerständen begegnet er mit exakten Handlungen. Sein Schmerz? Mit seinem Schmerz führt er einen Stierkampf. Die Bestie bläht sich rauchend auf, sie grollt, doch man hört sie kaum, dann plötzlich taucht sie mit tödlichem Hauch auf und droht ihn zu zerfleischen. Doch mit einer fast unmerklichen Bewegung weicht er ihr aus und sie verschwindet wieder in den Tiefen des Bauches, wo sie ihr Rennen fortsetzt. Fast könnte er ihr im Vorbeigehen die schweißtriefenden Flanken streicheln. Glauben Sie ihm: Darin, auf dem Rad zu leiden, ist er kein Anfänger. Er kennt diese widersprüchliche Masse in sich, er kennt ihr Gewicht und ihr Drohpotenzial, er weiß, wie sie aus dem Dunkeln hervorschießt.

Er ist wie der göttliche Belmonte, der große Torero, der sich nachts auf freiem Feld dem Stier stellte: Das Gelingen seiner Unternehmung hängt nun von einer verschärften Aufmerksamkeit ab, einer Form des Gehörs, das die gesamte Innenfläche seiner Haut auskleidet. Im Dunkeln hält er die Ohren offen und lauert auf das Hämmern der Hufe. Antizipieren, vorhersehen, ein absolutes, übernatürliches Phlegma beweisen. *Festina lente*. Seine Anstrengung fortsetzen, sie andauern lassen, bedeutet, in der Lage zu sein, »sich nicht in den roten Bereich zu begeben«. Dazu braucht es reihenweise subtile Finten, immer wieder geübte Ausweichmanöver, die Fähigkeit, stets auf Fühlung mit seinem Schmerz zu bleiben, ohne von ihm davongetragen zu werden. Ihn schließlich vorbeiziehen zu lassen, endlich. Wieder und wieder vorbeiziehen lassen, ohne erfasst zu werden.

Er spannt sich also an, er tanzt innerlich. Wenn er an Ihnen vorüberfährt, dauert das nur eine Blitzsekunde und es ist das Flackern seiner Augenlider, das Sie am stärksten beeindruckt. Er bleibt lebhaft und leicht. Seinem Schmerz weicht er aus, lenkt ihn um, spielt ihn aus. Er narrt ihn. Jedes Mal, wenn er gestreift wird, folgt er in der Bewegung, ein Täuschungsmanöver. Er leitet ihn auch um: Deshalb beißt er sich in die Zunge. Ein wenig Blut, damit er herkomme, ihn dahin locken, wo es nichts zu holen gibt.

Und die Minuten vergehen. Die Passhöhe kommt näher und wird ihn als Sieger unter dem Riesenauge der Kamera auf den Fernsehbildschirmen zeigen, diesen umgestülpten Netzhäuten. Es ist der Gipfel seiner Herrschaft, denn er gehört schon nicht mehr ganz sich selbst. Als ersetze ihn nun diese Harmonie, die er kraft seines Willens schuf. Wie ein Zen-Bogenschütze, der endlos daran gearbeitet hat, »etwas an seiner Stelle schießen zu lassen«. Er beobachtet sein Tun und genießt es ganz bewusst. Irgendetwas hat nachgegeben, etwas anderes als er selbst bewegt ihn jetzt, etwas, das er mit ganzer Seele und aller Kraft hervorgerufen hat. Er hat die Seite des Handelns gewechselt, fühlt sich nun, als sei er Spannung selbst, tanzt auf dem Seil jenseits der Zeit. Immer wieder diese kleinen Splitter Ewigkeit. Sie bietet sich ihm mit geöffneter Hand an, er erkennt sie und nennt sie ohne Hilfe beim Namen: die Gnade, ja, genau, die Gnade.

Doch bald schon stellt sich eine leichte Unordnung ein. Verschmolz bis dahin jede Umdrehung der Beine mit der vorigen, kommt nun ein leichtes Stocken auf, und das weißglühende Metall seiner Bewegung erkaltet. Merkwürdigerweise scheint sich hier und da ein Pedaltritt vom folgenden leicht zu unterscheiden. Allmählich packt ihn eine Übelkeit, eine Hand, die sich auf den Nacken legt, sich über Schultern und die Arme ausbreitet, die nun weniger elastisch werden, als würden sie von einer Klammer gewürgt. Seine Hände tasten suchend den Lenkerbügel ab. Er ändert immer wieder den Griff. Richtet sich auf, setzt sich wieder und fällt jedes Mal härter in den Sattel zurück. Er zerlegt sich förmlich. Aus einem Wesen wird ein Körper aus verschiedenen Bestandteilen, er kippt und die Zeit selbst dehnt sich erneut am Horizont aus.

Und er merkt, dass sein Schmerz ihn verladen hat. Jetzt wird er definitiv auf die Hörner genommen – schon schüttelt er ihn wie eine Marionette über dem Sand, in den er geschleudert werden wird und auf den bereits sein erstes Blut tropft.

Er ist immer noch entschlossen zu kämpfen. Das, wofür er sich aufgegeben hatte und das an seiner Stelle kurbelte, hat ihn wieder verstoßen, also versucht er, sich den Anforderungen zu stellen, mit denen er konfrontiert ist. Er stellt Fragen und ist gezwungen, zur Sprache zurückzufinden, zu seiner Überraschung sagt er wieder »ich«.

Nun ist er nicht mehr Herr im Haus. Er wendet sich nur noch an diesen unkenntlichen Sorgenklotz, der in seine Anstrengung vorgedrungen ist, und versucht, mögliche Adressaten zu finden. Wie ein in die Ecke gedrängter Diktator ersinnt er verschiedene Listen und macht neue Versprechungen, denn er hat es jetzt mit entschlossenen Gegnern zu tun. In dumpfer Beklemmung schmeichelt er schamlos den niedrigsten und abstoßendsten Elementen dieser Hierarchie, für deren Haupt er sich hielt. Doch dieser durchgeblasene, von Unterzuckerung und Hormonen gebeutelte Kopf regiert nicht mehr. Sie, die Sie ihn dank des technischen Auges des Kameraobjektivs nicht aus dem Blick verlieren, können vielleicht den Teil der Lüge nachfühlen, mit der er jetzt seinen Körper und dessen Haltung beeinflussen will. Er schnäuzt sich, seine schönen, eben noch so klaren wie regungslosen Augen hüpfen jetzt rastlos von einem Punkt zum anderen, als würden sie von allem abgewiesen, was sie betrachten. Er schnäuzt sich und wischt sich am Ellenbogen ab. Sein verdickter

Speichel unterstreicht die Furchen seines Gesichts, das versprochene Salz gefriert seine Haut – und wenn Sie genau hinsehen, werden Sie entdecken, dass Entsetzen und eine neuartige Blässe aufgetaucht sind. Ich ist ein anderer und der Körper ist der andere des anderen und sich selbst fremd, dem Abgrund geweiht und, ja, zum Sturz bestimmt.

In wenigen Minuten haben sich die Rollen vertauscht, seine Verfolger haben aufgeschlossen und ihn überholt. Nicht nur wird er nicht siegen, nein, er kommt auch nur noch ganz langsam voran, klammert sich unsicher an den Hang und aus den Zuckungen seiner kraftlosen Beine spricht nur noch Schwere und Unvermögen. Ebenso wenig wie die wundervolle Herrlichkeit ist die ihr nun folgende Ungnade messbar. In dieser Welt hier unten, in der alles vergeht, gibt es kaum etwas, vielleicht überhaupt nichts mehr, was noch sein Opfer lohnte, um erneut den Blick dahin zu richten, wo alles rein und blau ist, über den Wolken des Fleisches und der Schwerkraft.

Mit seinem Körper zum Himmel fahren

Im Grunde verfolgen sie mit berstender Lunge nichts anderes als den eigenen Tod. Darin liegt es, das Geheimnis ihrer weißen Augen. Sie heften sich an die Fersen des davoneilenden Sensenmanns, der ihnen polternd den Weg freimacht. Ihr Anblick macht beinahe Angst. Sie sind aus dem dumpfen Rauschen des Tals aufgestiegen. Da eilen sie mit schwindelerregender Geschwindigkeit den Berg hinauf, die Schultern haben sie breitgemacht über dem ehernen Stampfen ihrer Knie, mit Antlitzen von Märtyrern blicken sie den Gipfeln entgegen. Durchs offene Trikot, aus dem die grässliche Spinne aus Brustbein und Rippen ragt, pfeift ihr Atem, die Räder verschlucken auf die Straße geschmierte Bruchstücke ihrer Namen.

Diese leuchtenden Körper, diese Leben, deren Hüllen sich vor unseren Augen im Bad ihres eigenen Verlangens auflösen, hält man im Allgemeinen für schlechte Menschen. Ich aber kann das nicht. Die Empörung, die bei ihrem Auftauchen in allen Gesichtern erscheint, zählt für mich nicht – umso weniger, als sie einer geschwätzigen Würdigung des Spektakels folgt, bei der mit vollen Händen aus dem kleinen Beutel an Lobsprüchen geschöpft wurde. Schuldbeweise, die wie an den Haaren hochgehaltene Köpfe über die Menge geschwenkt werden, lassen mich ebenfalls kalt.

Sie haben lange im Verborgenen gelebt. Am Abend nach den Rennen schlossen sie sich in ihren Hotelzimmern mit seltsamen Geräten ein. Auf den Fluren wurde Wache geschoben. Man gab uns eine Vorstellung der Rückseite dieser verschlossenen Türen und der samtbeschlagenen, schalldichten Räume, in denen bei Kerzenschein das Licht zwischen Purpur und Scharlach wechselte. Zitternde Schatten, Widerschein eines vor Aufregung unterdrückten Atemzugs. Beinahe bleich legten sie sich unter roten Beuteln nieder, das dünne Schläuchlein im Arm, und verschwanden in der Nacht. Am nächsten Morgen klickten sie wieder in die Pedale ein, rosig vom verdoppelten Blut und in der Gewissheit, keine Schwäche zu erleben und den gesamten Tag auf der Höhe ihres Talents verbringen zu können. Allerdings war da ein Lichtspalt unter der Tür. Murmeln und Stöhnen, das sicher nichts mit Liebe zu tun hatte – da waren Berichte merkwürdiger Schlaflosigkeit und nächtlicher Aktivität. Dieses unmenschliche Blut, so hieß es, trug seinen eigenen Fluch in sich. Ließ den Tod über dem Schlaf schweben. Fett und zähflüssig behinderte dieser Hämoglobinbrei die Lungenfunktion, Embolien drohten und zwangen dazu, Schlaf nur in kleinen Häppchen, unterbrochen von Fitnessübungen, zu genießen.

Seitdem gaukelte man diesen neuen Werwölfen immer schönere synthetische Wundermittel vor. Man träumte weiterhin von Fabelwesen – immerhin hat man versucht, bestimmte Ur-Hämoglobine wie das des Pottwals zu synthetisieren, das seine vier Sauerstoffatome ins Gewebe freisetzt.

Sei's drum.

Dass es Radprofis schwerfällt, diesen bedenklichen Verbesserungsoperationen zu widerstehen, und dass sie bereit sind, sich ihnen zu unterziehen, macht auch ihre Schönheit aus. Gerade die freche Geringschätzung ihrer eigenen Gesundheit rührt mich. Daraus spricht etwas, was man ihnen verzeihen sollte: Grundsätzlich handelt es sich um eine vollkommene Unschuld. Radrennfahrer dopen sich nicht aus Berechnung oder um Karriere zu machen (diese Gründe kommen erst später). Sie dopen in einem völlig überflüssigen Sinne, sie dopen, weil es gut ist. Weil Fahren in diesen Geschwindigkeitsbereichen eine so großartige Erfahrung ist, die sie alle Vorsicht vergessen lässt; eine so schöne Erfahrung, dass man sein Leben gäbe, um sie zu verlängern. Was ich ihnen verzeihe, ist etwas, was sie in meinen Augen so rein macht. Sie suchen nur den Weg zu ausgefallenen Freuden. Sie haben nie weit im Voraus geplant, denn vom ersten Pedaltritt an fuhren sie von Überraschung zu Überraschung. Was immer man von den Frühberufenen behaupten kann, keiner hatte je eine Vorstellung davon, wie weit er kommen würde. Man kann von Ergebnissen träumen und sie anstreben, nur heißt das längst nicht, dass man sie auch erlebt. Der Weg der Erkenntnis ist übersät von Erstaunen: Nie hätte man gedacht, jenen Berg so schnell zu bezwingen oder derartige Übersetzungen fahren zu können. Aber vor allem verspürt man das Unbeschreibliche eines Körpers unbegrenzter Möglichkeiten, glaubt sogar – ohne es beschreiben zu können –, ein körperloses Leben zu erlangen.

Sie sind zu dyonisischen Monstern geworden, weil sie sich hier und dort verblenden ließen, nimmermüde ihre eigenen Eingeweide aufzufressen, diese Verschwender, die sich nicht so sehr über ihre jahrelange Askese verschlissen als dadurch, sich der schwindelerregenden Ewigkeit des Augenblicks auszusetzen.

Die schlechtbezahltesten Rennfahrer dopen sich nicht weniger als die reichen; in der Ekstase gibt es keine Armut! Ich, der ich zu meinen besten Zeiten kaum mehr als ein mittelmäßiger Rennfahrer war und damit so gut wie keinen Cent verdiente, habe das schreckliche Vergnügen und die eigenartige muskuläre Eloquenz der Amphetamine kennengelernt. Ich träumte davon, mit ihrer Hilfe die Besten meiner Zeit nachzuahmen. Diese erstaunlichen Momente, in denen ich ein und dieselbe Steigung fünfzig- oder sechzigmal im Sprint nahm, ohne einen anderen Schmerz als den der schrittweisen und kontrollierten Muskelermüdung. Den ganzen Tag fahren konnte ohne Übermüdung oder Langeweile, mich spielend dem vorgegebenen Tempo der anderen anpasste. Die Tage, an denen mir weder heiß noch kalt wurde und ich keinen Hunger kannte, wo das Verschwinden der Bedürfnisse sich in eine riesige Lust verwandelte und die Bilder im Kopf zum einzigen Zeugen der Körperlichkeit wurden. Mit Amphetaminen erzeugte ich diese seltenen Momente der Gnade, die immerhin das Leben aller aufrichtigen und beflissenen Radrennfahrer belohnte. Diese Augenblicke, in denen mein ungläubiger Blick sich auf Beine und Arme senkte, auf meinen gesamten Körper, als wolle ich mich seiner Gegenwart vergewissern, wie jemand, der den Grund für die bohrenden Blicke sucht, die ihn verfolgen. Und wenn die tägliche kleine Dosis mich, lange nachdem ich mich an den Start meines letzten Rennens begeben hatte, in eine dauerhafte Form geistiger Erschöpfung geführt hat, dann, weil ich die Last meines eigenen Körpers nicht mehr ertrug. Weil ich die unaussprechliche Empfindung reiner Verbrennung wiederfinden wollte. Diesen Wunsch, nichts als verblasene Glut zu spüren und in Rauch aufgehen zu lassen.

Ohne dafür eine Geheimformel zu besitzen und weil sie täglich verzweifelt mit diesem Abstand ringen, wissen gerade die größten Praktiker besser als andere, wie sehr »der Mensch an seinem Abstand zur Welt krankt«. Haben sie ein einziges Mal erlebt, wie dieser Abstand fortfällt, sind sie verloren. Mystiker und Besessene wie sie stürzen ihre Körper mit allen Mitteln ihrer Zeit in dieses unmögliche Abenteuer, das nichts anderes als das Paradies verheißt. »Gewalt und endlose Leiden sind das Los jener, die mit ihrem Körper zum Himmel aufsteigen wollen«, sagte schon der Mönch Johannes Klimakus, Autor von *Scala Paradisi*, der *Himmelsleiter*. Was könnte weniger pervers sein als dieses Streben nach Gnade?

Sicher sind mir diese verhassten Männer nicht alle sympathisch und es ist mir auch nicht entgangen, dass sich unter ihnen sehr verabscheuenswerte Persönlichkeiten befanden, deren Charakterzüge ich verachte: narzisstisch, sadistisch, manipulierend, egoistisch und gewalttätig. Was natürlich bei weitem nicht auf alle zutrifft.

Wie dem auch sei, einige Episoden des Radsports der 1990er Jahre sehe ich mit unvermindertem Vergnügen, auch wenn diese Epoche von seiner eigenen Kirche – meiner Meinung nach ein wenig leichtfertig – inzwischen als die dunkelste seiner Geschichte gesehen wird. Ich aber kann nicht recht die Natur des Desasters erkennen, wenn die mystische Melancholie eines Fausto Coppi, der elegante Zynismus eines Jacques Anquetil oder die von Wein und Kokain abgestumpfte, selbstmörderische Besessenheit der ersten »Strafgefangenen der Landstraße« verteidigt wird, während man gleichzeitig den Taten aktueller Champions jegliche spirituelle Dimension abspricht.

Unter ihren Wolltrikots und auf Stahlrädern, die zehn Kilo wogen, waren die Menschen nicht so verschieden von denen, die heute in ebenso hautengen wie gewichtslosen Textilien stecken. Die Zahl der Ritzel an der Kassette ist von einst fünf für Anquetil, sieben oder acht für Hinault auf inzwischen elf gewachsen. Die gesamten Rahmenbedingungen der Rennen haben sich verändert. Die Qualität des Asphalts ist wahrscheinlich besser, weniger Schlaglöcher, weniger Stürze. Die Rennfahrer sind besser und systematischer trainiert. Auch in Apotheken gibt es heute weder Porzellanbehälter noch Holzregale. Doch unter den Technologieschichten, unter der

Rinde der Umstände und der Praxis, erstrahlt ein Kern, der herausgearbeitet sein will und sich auf die Anstrengung bezieht. Es ist wichtig, sofern einem der Radrennsport etwas bedeutet, dieses immer noch schlagende Herz aus seiner Schale zu befreien, dieses Talent, das nichts mit dem mechanischen Wirken der Organe zu tun hat.

Was sich unter dem Film des Sichtbaren abspielt, was Lichtwellen nicht erfassen, ist deshalb noch längst nicht außer Reichweite. Neben Bewegung und entscheidendem Moment, jenseits von Muskeln und dem gesamten organischen Gebilde, das am unsrigen vorbeistreicht, gibt es die bebende, einzigartige Ausstrahlung dieser Männer, Träger von Erinnerungen, Ängsten und Bildern (durchs Gewimmel huscht unser Schatten, wenn wir dort stehen, wir Zuschauer). Was man als Leistung eines Radrennfahrers bezeichnen müsste, ist nichts anderes als das unzugängliche Bild seines Bewusstseins, dessen Umriss wir dennoch erahnen, zumindest die wichtigsten Lichter und Schatten. Von diesem Schauspiel, das zu gestalten und formen er sich abmüht, kraft seiner Anstrengung hier einen Zug verstärkt und dort einen abmildert, muss man sich im Geiste ein Bild machen, um die Schönheit der Handlung zu begreifen. Allein schon der Versuch, diese Form darzustellen, gleicht einem Zauberkunststück, da will ich nicht widersprechen. Aber es ist kein Fehler.

Auf dem Bildschirm sehe ich wieder Lance Armstrong, dessen Grimm und Grausamkeit wohl ohnegleichen waren, wie er einen Berg der Tour de France erklimmt. Das irrwitzige Tempo, mit dem hinter seiner muskulösen Gestalt die Stützpfeiler der Lawinengalerie von La Mongie vorbeirauschen. Die Psoasmuskeln, die seine Knie so heftig hochziehen, dass es scheint, als könne er sie aus den Lendenwirbeln reißen. Seine hohlen Wangen und die lilagelbgeränderten, halluzinierenden Augen, als er entfesselt angreift, nachdem ein Zuschauer ihn im Anstieg nach Luz Ardiden zu Fall gebracht hat. Natürlich wissen wir, dass er mit Dopingmitteln vollgepumpt ist, aber das ist nicht das Wesentliche. Armstrong rast vor Wut. Wie bei allen Fahrern vor und nach ihm ist es sein Leben, das hier auf dem Spiel steht. Ich wiederhole: Er rast vor Wut. Was er nachspielt, ist Aktaion, Ovids Fabel, die Giordano Bruno in seiner Schrift *Von den heroischen Leidenschaften* aufgreift. Aktaion, der mit seinen Hunden auf Jagd ist, überrascht Diana beim Baden. Da er gesehen hatte, was kein Sterblicher sehen durfte, wird er grausam von der Göttin bestraft, die ihn in einen Hirsch verwandelt, worauf ihn die eigenen Hunde zerreißen. Doch dieser Ausgang hat in seiner

Gewaltsamkeit nichts Düsteres: Aktaion konnte nichts Besseres widerfahren als diese Metamorphose, denn er wird mit dem, was er verfolgt, seiner Beute, wortwörtlich eins und erreicht so weit mehr als nur einen Jagderfolg. Aktaion verfolgt und erlangt eine buchstäblich ekstatische Erfahrung. Man vergisst leicht, dass diese Selbstüberwindung genau das ist, was von einem Athleten erwartet wird. Aktaion *per*formt, das heißt, er durchbricht seine Form und verwandelt sich, um mit dem verfolgten Objekt *kon*form zu werden. Der wütende Radrennfahrer ist ein potenziell toter Mann, er strebt allein danach, sich zugunsten dessen, was er verwirklicht, zu vergessen, die Konturen und Umrisse seines eigenen Körpers zu verwischen zugunsten der Bewegung an sich, ein Prozess, bei dem sich die individuellen Grenzen auflösen, eine Form der Metamorphose.

Das ist es, was Armstrong und mit ihm alle gedopten Rennfahrer verfolgen (wenn man sich schon mit der Unzulänglichkeit der Worte begnügen muss). Als er 1999, auf dem Weg zu seinem ersten Tour-Sieg, die Etappe nach Sestrières gewann (die man heute als symbolisch für »die Armstrong-Lüge« sieht), an einem Ort also, wo man ihn nicht vorn erwartete, denn bis dahin hatte er sich nie als Kletterer gezeigt, da hat man ihn wegen seines ausgemergelten Gesichts als Überlebenden des Krebs bezeichnet (was er ja auch war).

Ich behaupte, an diesem Tag im Ziel einen Toten gesehen zu haben.

Als Frank Vandenbroucke, der andere Entgrenzte in meiner privaten Ruhmeshalle, in seinen Unterlenker greift, um die fast 20 Prozent steile Côte de la Redoute zu bezwingen (ich sollte besser sagen, »zu *ficken*«, was viel genauer wäre), und seinen Rivalen Bartoli wie eine Eule ans Scheunentor nagelt, erkenne ich darin eine dumpfe und wahnsinnige Hoffnung auf die Erscheinung Gottes, die auf Selbstauslöschung beruht, zumindest aber *totales Risiko* verlangt. Deshalb haben Radrennen mich bis zum heutigen Tag so faszinieren können: weil sie ein Akt derer sind, die nichts weniger als ihre Haut zu Markte tragen, denn was sie verfolgen, hat keinen Preis. Sie sind diese ausgelaugten, verletzten Jäger, deren Metamorphose begonnen hat, ohne je vollzogen zu werden. Die Kehrseite des netten und vertrauenswürdigen Mannes, der ich mich mehr oder weniger zu sein mühe, wenn ich meine Kinder schlafen sehe, ist, dass nur ein Mangel an Talent mich vor diesem Opfer bewahrt hat.

Es wäre ein interessantes und recht einfaches Experiment, sich ein Radrennen ohne diesen Irrsinn und Zorn vorzustellen, mit vernünftigen Teilnehmern, deren Ehrgeiz sich darauf beschränkte, »in ihren Grenzen« zu bleiben, statt sie zu überschreiten. Mir scheint, ein solches Ereignis stünde, wenn es nicht glattweg uninteressant wäre, jedenfalls in keinem Verhältnis zu dem, was man von »Strafgefangenen der Landstraße« erwartet. Würde man etwa den ganzen Tag lang sein Ohr ans Radio halten, wären die steinigen Straßenränder der Berge schon Tage im Voraus mit Herden von Wohnmobilen belegt, nur um maßvolle und umsichtige Athleten zu sehen und zu *spüren*, die sich Sorgen um ihre gutbürgerliche Gesundheit machen und ihre Anstrengungen abbrechen, um sich nicht über das schickliche Maß hinaus zu verausgaben?

Unter dem harten und matten Lack des Anstands und der Prüderie, dem man bei Gelegenheit ein paar Schichten draufgelegt hat, überlebt das Herz des Radrennsports, das im Wesentlichen aus Unvernunft und Maßlosigkeit besteht, eher in Zuckungen, als wirklich zu schlagen. In dieser Form würde es vielleicht die glasigen Pupillen der Ausgeglichensten und Erloschensten unter uns erhellen, nicht aber die Menge faszinieren und mitreißen. Der Nachteil der Vernunft bleibt, dass man ihre Grenzen überschreiten und an ihrem Verrat arbeiten muss, um Großes erreichen zu können – und Champions waren große Champions deshalb, weil sie alle irre waren. Ich für meinen Teil glaube, dass sie es heutzutage nicht weniger sind. Hier kommt mir eine Warnung des Schriftstellers Tristan Bernard in den Sinn, dem einstigen Direktor des Vélodrome Buffalo in Paris: »Machen Sie keine Scherze mit den Radrennfahrern, die setzen alle fünfhundert Meter die Welt aufs Spiel.« Die tragischen Masken, die für die Ikonologie des Sports so viel getan haben, spiegeln alles andere als die heitere Zuversicht der Berechnung – die Champions geraten mit voller Wucht in die Fänge von Melancholie und einzigartiger Hoffnung: Es handelt sich darum, die Gnade wiederzuerlangen, die sie hier und da allzu heimlich traf. Ein für alle Mal die Tür zu öffnen, durch die sie das Licht schimmern sahen. Oder um – in Erinnerung an den ungläubigen Thomas – mit dem Finger in der offenen Vulva der Rippen Christi vollends ins Königreich zu gelangen. Und was zählt daran gemessen das irdische Leben – kann man etwa seiner Kunst nur einen kleinen Anteil widmen, so wie man sonntagmorgens nach der Messe wieder zum schnöden Alltag und seinen Konventionen übergeht? Wo befindet sich in seiner Wirklichkeit das »Becken«, wie Jean Giono es nannte, in dem man »seine Seele waschen müsste«, um dieses Stück Müll nicht »in einer goldenen Vase herumzuschleppen, ihr, die ihr so um eure Sauberkeit besorgt seid«?

Man erinnere sich an Pater Pio: Erst einmal von den im göttlichen Licht geschärften Klingen durchbohrt, wie könnte man ihm da noch vorwerfen, dass er, wie böse Zungen behaupten, seine Wunden mit Karbolsäure verätzte, damit das Blut, das ihn an Christus erinnerte, weiter strömte?

Nachts

Die Nacht beruhigt sie nicht, weit gefehlt. Man sollte sich der Frage stellen.

Zur warmen Jahreszeit, wenn die großen ruhmreichen Rennen ihn nicht wollen, heimst der Fahrer zweiter Klasse manchmal ein paar Groschen ein. Er packt Tasche und Rad ins Auto und geht auf Tournee. Sein Leben hat etwas Zigeunerhaftes. Es kommt vor, dass er unterwegs die Urlauber mit Ablenkung versorgt.

Manchmal sieht man ihn auf der feuchten Haut einer Sommernacht mit seinesgleichen im Kreis fahren. Die kleinen Entwurzelungen der beschäftigungsarmen Jahreszeit betreffen ihn wenig. Stellen Sie sich eine Straße vor, die sie, die Rennfahrer, unablässig hinaufsprinten, so wie sie es immer tun, als wären sie allein auf der Welt. Eine Straße voller Stühle und übereinandergeschlagener Beine, prallgefüllter Terrassen unter Lampions, beschnittener Platanen und moosiger Brunnengründe, die von einem Teppich aus Kleingeld und Fundsachen überzogen sind. Sechzig- oder sogar hundertmal werden sie an derselben Stelle vorbeikommen, vor denselben Sommerurlaubern, denselben leeren Gläsern, wie am Saum einer Welt entlang, die friedvoller als die ihre ist und in der sich gewöhnliche Abgespanntheit breitmacht. Sie schwirren um das Viertel wie Motten um eine Lampe, hier und da von einer Verbrennung aus der Bahn geworfen.

Aus einer Richtung tauchen sie auf, strömen wie eine Welle über den Platz, auf den die Ziellinie gemalt ist und wo das mobile Podium steht, eine riesige leere Büchse, in der der Sprecher das ganze Jahr zu verbringen scheint und dem metallischen Echo seiner eigenen Stimme lauscht. Dann fahren sie unter Lichtern und Zurufen die ganze Straße hinauf. Im Moment sind sie ruhig, kein Wort ist zu hören, während sie ohne zu wimmern mächtig in die Pedale treten. Auf zwei Hände gestützt tanzen sie. Sie beeilen sich. Haben es sehr eilig, aber mehr nicht. Etwas weiter oben verströmt ein altes Kino durch Glastüren sein Licht über die Stufen. Ein letztes Mal werden ihre gekrümmten Rücken vom roten Schein einer Ladenwerbung erleuchtet, bevor sie plötzlich nach rechts abbiegen, in die Straße hinab zur Post. Wenn nicht das Kino in der Senke liegt und die Post ein Stück weit höher. Für sie ist es unwichtig. Sie folgen ihrer Spur. Hundertmal nacheinander neigen sie sich in die gleiche Kurve, aus der sie hundertmal an der Bordsteinkante entlang mit beiden Rädern im Rinnstein herauskommen. Sie werden von der düsteren und menschenleeren Straße verschluckt, im fast unmerklichen Wiegetritt, aber die Münder stehen ihnen offen, bei vollem Tempo, und die ganze Truppe ist wieder in einer augenblicklich wiedererlangten Geradlinigkeit unterwegs, wie an einer Stahltrosse, die sich unter dem Gewicht des Ankers entrollt. Kaum hat in der langen Kurve, die sie ungebremst durchfahren, das Kratzen der Pedale aufgehört, kaum ist das von den Mauern zurückhallende, von Gangwechseln erzeugte Peitschen der Ketten verklungen, tauchen sie schon auf der anderen Seite wieder auf, aus der Richtung, aus der sie gekommen waren. Die Gaffer verrenken ihre Hälse häufiger als bei einer Tennispartie, legen nur wenige Meter zurück, bevor sie sich wieder umdrehen, um das lange, leise Grollen zu empfangen, das über die komplette Drehung ihrer Halswirbel an ihren Augen vorbeizieht.

Eine Hundertschaft Radrennfahrer, die immer die gleiche Runde drehen, sich den ganzen Abend lang über die drei oder vier Straßen eines Rundkurses von einem oder anderthalb Kilometern abhetzen, lässt einem gerade genug Zeit, einige Schritte zu tun oder in Ruhe einen tiefen Schluck zu nehmen. Beginnt dann die Schlange nach einigen Runden, wenn das Rennen in vollem Gang ist, ihren eigenen Schwanz zu fressen, dann finden die Augen der Zuschauer keine Ruhe mehr, werden wie von einem Heuschreckenschwarm in Bann gezogen. Diese Form des Radrennens in Städten wird von einigen – und immer findet sich jemand, der den Ausdruck am Straßenrand benutzt – als »*tourniquet*« bezeichnet, was »Kreisel« oder »Drehkreuz« bedeutet, aber auch der Name einer Foltermethode ist.

Man kann sich die Beine vertreten, sie ein Stück begleiten. Man könnte die Straßenseite wechseln, die Gegenrichtung einschlagen, aber um ihre Sicht der Dinge zu gewinnen, ist es besser, dem Verlauf des Rundkurses in ihrer Richtung zu folgen. Zwei-, dreimal die Wimpern fest zwischen Daumen- und Zeigefinger reiben. Der Straße bis zum berühmten Kino folgen, sich dabei von Zeit zu Zeit umdrehen, um sie von vorn zu sehen und das binäre Schnurren, das einen einholt, diese gefurchten Waden, die wie Sehnen gespannt sind und schmale Schultern anheben, mit Gesichtern zu versehen. Das Kino ist etwas weiter oben und man sieht schon von fern, wie sie sich um die Kurve quetschen. Schrilles Kreischen der Bremsbeläge auf den Carbonfelgen. Davongeschleuderte Sternschnuppen aus Fleisch: Am Gipfel der kleinen Steigung sind sie außer Atem und lösen sich reihum ab, verlassen für eine Sekunde ihre Umlaufbahn, als befände sich Atemluft nur seitlich von ihr, und stürzen sich dann auf der langen Gegengeraden in die Abfahrt. Mit einem Schlag senken sich ihre Rücken einer nach dem anderen wie Dominosteine oder Funkenmariechen. Sie fließen ab.

Hinter den zwei vorausfahrenden Motorrädern sind nach einigen Runden immer noch dieselben Fahrer in Front. Sie aber gönnen sich unterdessen eine Pause, weil Sie es leid sind, sich alle zehn Meter den Kopf auszurenken und einen Ausfallschritt zu machen. Sie stellen sich also breitbeinig an den Rand des Gehsteigs, um sie kommen zu sehen. Es ist der Gipfel der Steigung. Einige Meter vor der Kurve scheint es eine lebensrettende Sauerstoffader zu geben, an der sie Luft holen, bevor sie sich in die Abfahrt stürzen. Es erinnert an Meeressäuger, die in die Tiefsee abtauchen, und sieht aus, als würden sie mit einer Neigung des Kopfes das Resultat langer Sekunden des Erstickens ablegen.

Unter ihnen fällt ein angriffslustiger, aktiver Fahrer auf – man muss kein Experte sein, um das zu erkennen. Er ist sehr hektisch. In fast jeder Runde ist er mit einigen Metern Vorsprung oben auf der Kuppe, wirft einen Blick zurück, schaut sich in einer Art Contrapposto auf durchgedrücktem Bein um, halb aus dem Sattel und mit durch die Ellbogenstellung verdrehtem Oberkörper. Hinter ihm ist ein unbestimmter Klagelaut zu hören, der aus dem Inneren des großen Schlangenkörpers kommt. Die Schlacht fordert erste Opfer. Die Strömung führt einige bleiche und panische Gesichter mit, die noch mal im Gurgeln des Wirbels auftauchen, der sie bald ertränken wird. Dieser energische, groß gewachsene Fahrer, der die gesamte Truppe zum Leiden bringt, ist nicht der Eleganteste. Seine Schultern heben und senken sich, er öffnet und schließt die Arme. Dank einer kleinen Gruppe junger Frauen und der Anfeuerungen, die sie ihm zurufen, erfährt man seinen Namen. Nennen wir ihn Ludo. Aus ihrer Art, ihn anzufeuern, ohne dabei die Ruhe zu verlieren, kann man schließen, dass diese jungen Frauen sich offensichtlich kennen; es sind Lebensgefährtinnen, Freundinnen und Ehefrauen der Darsteller. Übrigens werden sie bald einzeln, mit ausgestrecktem Arm ein, zwei Schritte auf die Strecke machen und eine Trinkflasche reichen. Der große Ludo wird sich seine sicher ohne Umschweife schnappen und keinen Blick auf seine Süße werfen. Sein Nasenrücken, wenn er sich im Vorbeifahren mit einem kurzen Stoß schnäuzt, bevor er sich mechanisch in die nächste Kurve etwas weiter ins Schwarze wirft. Der Schimmer seiner dünnen, venengenarbten Beine im Widerschein des Neonlichts. Der kleine weiße Speichelfleck in den Mundwinkeln. Ludo ist nicht der Eleganteste, aber er ist verdammt effizient.

Der Ablauf und die ständige Wiederholung tun ihre Wirkung. Zwischensprints, bei denen Prämien verteilt werden, Kuppe, Bremsen, Kurve, Abfahrt, Kurve ohne zu bremsen, lange Gerade mit Vollgas und offener Schnauze, wieder Kurve und Zielstrich. Licht, Schatten, Licht. Eine Gruppe löst sich vom gemarterten Peloton. Natürlich Ludo und mit ihm drei andere. Eine Vierergruppe, das »Spitzenquartett«, so kündet sie vorhersehbar der Streckensprecher aus den Lautsprechern an, die an den Lichtmasten hängen. Neben dem entfesselten großen Ludo befinden sich zwei elegantere und ruhige Fahrer, die sich sichtlich wohlfühlen, fast als würden sie alles beherrschen – ihr Blick ist weit vorausgerichtet und ab und zu drehen sie sich sogar um, sie überblicken die ganze Situation, als schritten sie ein Baugrundstück ab. Trotz des schrecklichen Tempos (nach den tragischen Gesichtszügen aller übrigen zu urteilen) reihen sie sich mühelos mit beinahe unbeteiligtem Gesichtsausdruck wieder in den Windschatten der Gruppe ein, nachdem sie ihre Führungsarbeit geleistet haben. Was für Aristokraten. Vor Ihren fast schon geübten Augen nimmt der vierte Mann des Quartetts eine wenig beneidenswerte Stellung ein. Sichtlich von Ludos Furor und dem eleganten Hochmut der Regenten gebeutelt, hält er mutig mit. In einem solchen Rennen ist das für einen Rennfahrer, der weit über seine Verhältnisse gefahren ist, ein klassisches Szenario. Er gesellt sich zu ein paar anderen, um im Lauf der Runden von den paar Penunzen so viel wie möglich abzugreifen. Die Verbündeten werden sich gegenseitig nicht angreifen, sondern ihre angesammelten Prämien zusammenlegen und sie anschließend zu gleichen Teilen aufteilen. Nicht selten wird der Lokalmatador spontan in den Pakt einbezogen, wenn er denn in der Lage ist, das Tempo mitzugehen: Als Preis für seinen Sieg wird er seinen Anteil abtreten. Wenn es einmal passt, wird man auch Prophet im eigenen Lande.

In der schlecht beleuchteten, langen Geraden, die zurück zum Ziel führt, sieht man nicht viel. Aus gegebenem Anlass hat die Präfektur die letzten abgestellten Autos entfernen lassen, was man an Öl- und Dieselflecken erkennt. Hinterhofatmosphäre. So wenig Passanten, dass man sich unwohl fühlen könnte. Weiche Lichtduschen in regelmäßigen Intervallen, die von erschöpften Lampenmasten gespendet werden. Die Fahrer strömen rasend in stiller Wut entlang. Geräusche von Reifen und Ketten beim Gangwechsel, Atemstöße, Spucke und kurzes Keuchen. Ihre farbigen Umrisse tauchen für eine Blitzsekunde in den Lichtinseln auf, bevor sie wieder verlöschen. Ludo verkörpert, wie er da in voller Geschwindigkeit mit angewinkelten Ellenbogen auf dem Rad liegt, die Ekstase des

Rennfahrers. Von einem Lichtkegel zum nächsten spielt er mit dem Dämon seines Schattens, der größer und breiter werdend auf ihn zueilt, dann mit der Hüfte wackelt, bis er ihm ins Gesicht springt, eine Explosion reiner Nacht, der sogleich der nächste Sonnenaufgang folgt.

Die vier flachen Rücken vergrößern ihren Abstand zum Peloton, das sie hervorgeschleudert hatte. Tauschen ein paar kurze Worte aus, verhandeln. Willst du? Mach eine Ansage. Entscheide dich. Los. Und schon tauchen sie dort hinten wieder im Licht unter der Metallstimme auf: zweihundert Euro von der Bäckerei Banette. Ab damit in die Musette des großen Ludo. Gewiss, der Radrennfahrer ist Proletarier, bevor er offiziell zum Profi wird, aber sein Verdienst wird der Poesie zugeschlagen, nicht umgekehrt.

Noch einige Runden und dann ist alles vorbei. Tische werden verlassen, man bahnt sich durch die kleine Menge und hinter den Absperrgittern auf dem schmalen Gehsteig seinen Weg. Ist dann ein Platz gefunden, wird man einen Fuß zwischen die Metallstäbe stecken, um einige Sprints und den Zieleinlauf zu sehen.

Jetzt kommt der Paukenschlag. Der Rennfahrer, der mit einigen Sekunden Vorsprung vor den drei anderen allein an der Spitze fährt, ist nicht Ludo. Es ist eben der, auf den man vom Augenschein her keine Kopeke gesetzt hätte.

Und in der Tat weist er alle Merkmale des Schmerzes auf, angespannte Kiefer, herausgestreckte Zunge, tiefe Furchen an den Augenwinkeln, so bäumt er sich mit glänzender Haut auf seinen Beinen auf. Das gerade macht ihn schön, als sei ihm gelungen, all seine Ecken und Grenzen zu schleifen. Aus seinem offenen Mund strömt der Überschuss an Bildern, die die Innenseite seines Kopfes bevölkern. Seine Schädeldecke dürfte in diesem Augenblick einem Hochzeitsgemach der Renaissance ähneln, voller blutiger Allegorien, die sich anrempeln, ein kleines Gemetzel aus Zorn und Wolken. Sie könnten schwören, dass er nicht einmal mehr atmet. Was er spürt und ihn zur Verzweiflung bringt, denn er würde gern noch schneller fahren, das ist die kleine Kugel des Erstickens, die in seiner Bauchhöhle herumtollt. Er würde sie gern loswerden, sie hochwürgen, sie rausschmeißen, aber nichts zu machen, sie stößt gegen sein Brustbein. Der Atem ist ein kleines Tier, das man nicht ausspucken kann.

Hinter dem Zielstrich, einige Meter weiter in den Nebenstraßen, sitzen sie auf den Oberrohren ihrer Maschinen mit einem Handtuch um den Hals und leeren ein paar Dosen Wasser oder Sprudel, einige hört man husten, andere spucken noch mal aus. Nachdem sie Achseln und Oberkörper gewaschen und ihre schmutzigen Beine mit Kölnisch Wasser oder Synthol abgeschrubbt haben, holt der eine einen Strauß, der andere einen Pokal auf dem mobilen Podium ab. Radmütze ist Pflicht. In einer Ecke der Festhalle, die sie aufsuchen, steckt ihnen ein Mitarbeiter den mit ihrer Rückennummer beschrifteten Umschlag zu: die Prämien. Sie dehnen ihre Schulterblätter an der Rückenlehne eines Stuhls, wedeln auf hoheitliche Art mit ihren T-Shirts, als wären es Fächer. Endloses Gähnen, während sie weiterschwitzen, vielleicht schlucken sie auch ständig in Folgewirkung starker Stimulantien.

Wenn sie endlich die Umschläge eingesteckt haben und die Tür ins Dunkle öffnen, bleibt den Gelegenheitspartnern noch die Pflicht der Aufteilung. In einer düsteren Ecke, im schwachen orangefarbenen Schimmer der Bogenlampe, regeln sie das Geschäftliche. Wonach jeder in seinem Auto hinter den Scheinwerfern, jeder in seiner Nacht, die wohl keinen Schlaf bringen wird, mit leicht zitternden Händen auf dem Lenkrad unterwegs ist zum Rennen des nächsten Tages.

Formbar

Im Peloton kommen alle Größenklassen vor, die Rollenaufteilung erfolgt je nach Terrain – Kletterer von achtzig Kilo sind ebenso selten wie ein Rouleur, der nur sechzig wiegt. Die einzige Disziplin, in der alle Gewichtsklassen vorkommen, sind die Sprinter, die im Übrigen, weil ihre Muskulatur dafür nicht geeignet ist, fast immer unfähig sind, auch nur »eine Eisenbahnüberführung hochzukommen«. Doch von Marcel Kittel mit seinen 1,88 Meter bis hin zu den 1,65 Meter eines Caleb Ewan und daneben die 1,75 Meter von Mark Cavendish ergeben die schnellsten Radrennfahrer der Welt sehr unterschiedliche Zielfotos. Auch wenn auf der Waage und nach Metermaß zwischen Nairo Quintana, dem Kletterer, und Ewan, dem Sprinter, kaum ein Unterschied besteht, schließen ihre individuellen Stärken einander aus.

Die erste Stufe auf der Demutsleiter des Radrennfahrers besagt, sich so anzunehmen, wie er ist, das heißt, so etwas wie sein »natürliches Register« zu akzeptieren. Wenn es eine Parallele zu den Opernsängern gibt, dann als gutes Beispiel für das berühmte Wort Sigmund Freuds, demzufolge die Anatomie »das Schicksal« ist.

Eine Lebensführung, die sich täglich drei bis sechs Stunden Muskelarbeit bis zur Erschöpfung verschreibt, formt den Körper zwangsläufig auf die eine oder andere Weise, wenn sie nicht sogar zu spektakulärer Transformation führt. Da gab es diese Geschichte eines fast adipösen jungen Mannes, der, im obskuren Dunkel eines Einfamilienhauses in einem Luzerner Vorort, in wenigen Monaten beinahe sechzig Kilo verlor, ohne sein Zimmer zu verlassen, indem er vier bis acht Stunden täglich auf seinem Hometrainer fastete. Als ich das rostige Monument erblickte (kann man sich eigentlich ausmalen, von morgens bis abends auf einem Rad zu schwitzen?), das inzwischen unbrauchbar geworden war, stand es mittig im Raum in einer fichtengetäfelten Mansarde. Ein großer Radiokassettenrekorder befand sich in Reichweite des Radfahrers auf einem Tisch. Im Vorbeigehen drückte ich mit dem Zeigefinger einen schon abblätternden roten Schalter (wieder der Schweiß?), und das Kreischen einer übersteuerten Gitarre explodierte im kleinen Zimmer. Welches Selbstbild konnte jemand haben, der den ganzen Tag lang nur von ein paar Äpfeln zehrend in die Pedale trat und dessen geistiger Horizont sich auf einen Luzerner Hardrock-Sender beschränkte? Ich weiß es nicht. Aber im archäologischen Bestreben, seinen verschütteten Körper freizulegen, in der Selbstkasteiung, entdeckte dieser Asket in sich bemerkenswerte aerobe Kapazitäten. Gestärkt von einer ausgeprägten Fähigkeit zur Einsamkeit, wurde er beim Verlassen dieser eigenartigen Vorhölle immerhin zum Radrennfahrer geboren. Mit gewissem Erfolg nahm er an Zeitfahren und Bahnwettbewerben teil, was immerhin einen Job bedeutete. Fünf oder sechs Jahre vergingen, bevor man ihn hinauskomplimentierte. Dank seiner fast vollkommenen Stummheit hat er nicht die geringste Spur im Profipeloton hinterlassen.

So diskret die Verwandlung von Jean Nuttli war, so spektakulär ging es bei einer anderen zu: jener von Lance Armstrong, den sich niemand (mit Ausnahme von Eddy Merckx und Cyrille Guimard) als Gewinner einer Tour der France, geschweige denn irgendeines Etappenrennens vorstellen konnte, bevor er als Krebskranker den Tod aus der Nähe sah. Als jemanden, der sie bis zu seinem Rücktritt insgesamt sieben Mal gewinnen sollte, ehe eine Gerichtsentscheidung all seine Erfolge, seinen kompletten Palmarès, aufgrund von Dopingpraktiken einfach so streichen würde.

Es ist einigermaßen bekannt, dass das Register des frühreifen jungen Texaners (er gewann mit einundzwanzig den Weltmeistertitel) sich auf Eintagesrennen mit leicht welligem Profil beschränkte, aber Berge? – bitte keine Berge. Man kann bei Profirennen nicht ernsthaft von »Bergen« sprechen, wenn es um ein, zwei Kilometer lange Anstiege geht. Diese erfordern zwei bis vier Minuten einer Höchstleistung, mit der auch muskulöse Typen zurechtkommen. Jenseits dieser Distanz beziehungsweise Belastungsdauer aber verlangen die »Buckel« im Streckenprofil die Arbeit spezifischer Energieketten, vor allem aber ein Kraft-Gewicht-Verhältnis, das der Steigung angemessen ist. Im Klartext: Man muss leicht sein. Umso mehr trifft das auf Alpenpässe zu – sie liegen nur Fliegengewichten oder Mitgliedern jener seltenen physiologischen Elite, die absolut phänomenale Sauerstoffmengen verwerten können. Dafür schien Lance Armstrong zu stabil gebaut, und bei den ersten Teilnahmen an der Tour gewann er zwar hier und da eine Etappe, doch in den Bergen landete er regelmäßig unter ferner liefen in den abgehängten Gruppen. Man weiß, dass die Krankheit ihn verwandelt hat. Beziehungsweise dass er sich im Lauf seiner Krankheit (er litt an Hodenkrebs in weit fortgeschrittenem Stadium) verwandelt hat. Wenn es darum geht, zu ermitteln, wie viel Gewicht er dabei verlor, gehen die Angaben weit auseinander. Zweifellos aber hat sich sein gesamtes körperliches Erscheinungsbild verändert: Was auch immer die Waage sagt, es braucht nur ein Paar Augen um festzustellen, dass er geschmolzen ist. Sein kantiger, muskulöser Körperbau wechselte von fleischig zu mager. Und eigenartigerweise wurde er zartgliedriger, flüchtiger. Merkwürdig ist auch, dass seine körperliche Verwandlung (wilde Mutmaßungen über eine ebenso geheime wie außergewöhnliche Chemotherapie waren im Umlauf) von allen stillschweigend als gegeben hingenommen wurde, außer natürlich von ihm selbst. Zumindest hat man kaum über seine mentale Seite gesprochen, als sei es folgerichtig, dass alle Niedertracht, die man ihm seitdem – mehr oder weniger berechtigt – zugeschrieben hat, ihn disqualifizierte, ein beseeltes Wesen zu sein.

Was hat Armstrong also mit seiner Seele gemacht, als die teuflischen und wunderwirksamen Dämpfe der Chemo ihn wiederherstellten, heilten und so sehr stärkten, dass er nun ein Rennen dominierte, das er zuvor nicht einmal im Traum zu gewinnen gehofft hatte? Die Möglichkeit, der Körper habe von einem einzigartigen Liebesbad gezehrt und sich neu geschaffen? Eine Krankheit als Initiationsritus? Der Vorgang erinnert an das Vorbild des faustischen Paktes oder das Mysterium schamanischer Übertragung. Die Legende vom Musiker Robert Johnson kommt einem in den Sinn, der als mittelmäßiger Künstler für ein paar Tage verschwand, um als Fabelgitarrist zurückzukehren. Oder an eine rein körperliche Verwandlung – die alles in allem nicht unwahrscheinlicher wirkt als ein Gesinnungswandel. In jedem Fall aber ist es absurd, *mindestens* aber oberflächlich, darin nur die Folge biochemischer Behandlungen zu sehen. Wenn die athletische Askese zumindest eine »Praxis« oder eine »Selbstintensivierung durch Übung« im Sinne der antiken spirituellen Übungen darstellt, dann weil nach Verwandlungen des Fleisches niemand mit sich selbst identisch bleiben kann.

Radrennfahrer haben eine ganz eigene Sicht auf ihren Körper. Man könnte sagen, sie pflegen ihn mit Gewalt wie einen Fetisch, von dem magisch alles erwartet wird, der aber gleichzeitig verhasst ist, weil man sich von ihm nicht befreien kann. Da sie aus sehr pragmatischen Gründen jedes überflüssige Pfund jagen, finden sie an ihrer Magerkeit einen ebenso offensichtlichen wie zweifelhaften Gefallen. Unter diesen hohlwangigen Narzissten sind Profis natürlich die ausgezehrtesten. Nicht selten sind sie geradewegs untergewichtig, was ihnen eine wacklige Aura einer Kerzenflamme verleiht, die um sich ebenso viel Licht wie Schatten verbreitet. Ihre Präsenz strahlt eine blendende Gesundheit und gleichzeitig die wehmütige Zerbrechlichkeit von Kristallglas aus. Für ihren Geschmack kann ihre Haut nie transparent oder zart genug sein.

Sie kneifen hinein, um sie vom Muskel zu lösen, und lassen sie in einer eigenartig kulinarischen Bewegung durch ihre Finger rollen. Den »Zugespitzesten« von ihnen könnte man fast einen Finger zwischen die Rippen stecken; was auch überrascht, ist die Beule, die das Brustbein auf ihrem krankhaft abgemagerten, kachektischen Oberkörper bildet. Von Kopf bis Fuß sind sie mit Venenranken überzogen (die bei Müdigkeit und Dehydrierung noch deutlicher hervortreten), worauf sie sehr stolz sind. »Ich schwör's dir, damals konnte man Venen sogar auf meinem Hintern sehen.« Die Abwesenheit der geringsten Behaarung unterstreicht die Durchsichtigkeit ihrer Hautoberfläche und macht sie Pornostars oder anatomischen Tafeln von Vesalius noch ähnlicher.

Durch die merkwürdige Fügung sich aufhebender Gegensätze, die zu ihrer Beschreibung immer wieder in den Sinn kommt, sind sie vielleicht auf die andere Seite dessen übergewechselt, was sie jung und schön werden ließ. Alle Gipfel bergen Gefahren. Aber den Zaubertricks narzisstischer Eigenliebe, durch die sie sich blenden und schinden, fügt sich ein anekdotisches Verhalten hinzu, das weniger düster ist. Sie führen nämlich ihre unerhörten Bräunungsstreifen mit einem so überzeugten Stolz vor, dass etwas im Grunde Lächerliches beinahe begehrenswert wird. Vor ihren Sexpartnern plustern sie sich nackt in ihrem zweifarbigen Kostüm auf, als wollten sie dessen Reflexe an der Decke spiegeln. Der unmittelbare Kontrast weißer und sonnenverbrannter Hautabschnitte dient als Beweis ihrer heroischen Existenz, bezeugt er doch sowohl die Gefahren, denen sie sich aussetzen, als auch ihre Standhaftigkeit, nie die Kluft abzulegen. Auch müsste man, um ein vollständiges Porträt zu gewinnen, die Liste ihrer Eigenheiten um den heraldischen Aspekt der auf Ellenbogen, Hüften und Knien verstreuten Narben und Wundmale ergänzen, die wie lilafarbene Wappen oder Medaillen wirken.

Weil sie die Warnung an Narziss ignorieren – »er wird leben, wenn er sich selbst nicht kennt« –, lassen sie sich von den faszinierten Blicken, die sie auf sich ziehen, anstecken und drehen sich unermüdlich um ihr eigenes Denkmal aus Fleisch, strecken eine mal sadistische, mal streichelnde Hand nach ihm aus. Sie pflegen sich wie trockene Alkoholiker, mehr als man gemeinhin denkt und gar nicht mal nachlässig, nach ziemlich vagen Vorschriften, die das Herz, die Leber, den Magen und die subjektiven Entitäten ansprechen. Auch im kalten Morgengrauen des (mutmaßlichen) Gen-Dopings spielen Großmutters Alltagsrezepte immer noch eine erhebliche Rolle – die Vorstellung, sie kochten immer noch Aspirin in Cola, ist nicht abwegig.

Wenn es heißt, in wenigen Berufen sei der Körper so nackt wie in dem des Radrennfahrers, so bezieht sich das nicht nur auf die dünnen und eng anliegenden Trikots. Nicht so sehr, weil ihnen warm oder kalt ist oder sie bei ihren Stürzen ungeschützt über den Asphalt rutschen und dort mehr als nur ihre Haut lassen. Sie sind deshalb nackt, weil die Dauer und Häufigkeit der Rennen aus ihrer Disziplin eine Übung werden lässt, die darin besteht, das Leben zu mimen. Das gelebte Rennen ist ein Alltag auf zwei Rädern. Diese Männer haben ihren Körper getauscht und leben auf dem Rad: Wie schon gesagt, wenn sie schon nicht im Peloton schlafen, so essen sie dort, schließen Freundschaften und ziehen sich darin auch um. Das bedeutet: Dort denken sie, hoffen sie, verlieren sie ihre Hoffnung und gewinnen sie zurück. Es gibt nur ganz wenige Rennen, in denen der Sieger nicht zwischen Start und Ziel Momente des Zweifels und der Entmutigung durchlebt hat. Die Verzweiflung ist ein unvermeidlicher Abschnitt jedes Radrennens. Die raren Beispiele von Herrschaft und völliger Dominanz dürfen nicht darüber hinwegtäuschen. Es ist äußerst selten, dass ein Radrennfahrer ein Rennen vom ersten bis zum letzten Kilometer beherrscht – auch nicht Peter Sagan. Radrennen erfordern kleine Stoiker. Auch in Bestform kann es jeden Tag zu tausenden mehr oder weniger unerwarteten Entwicklungen kommen. Das kann so weit gehen, dass man sich buchstäblich in die Hosen macht – ich meine damit *seine Hose vollscheißt,* ohne anhalten oder aufgeben zu können, so wie es Jan Ullrich in einer Tour de France widerfuhr. Aus Überanstrengung, wegen einer Abfahrt im Regen oder einem zu kühlen Getränk. An den Fuß des Schlussanstiegs kommen, vielleicht seine Kräfte wiederfinden, sich auf seinen Pedalrhythmus konzentrieren und im klebrigen Schleim seiner besudelten Shorts durch die Menschenmenge fahren. Vom Wind gekühlte Exkremente. Geprägt von einer nicht allein metaphorischen Form körperlichen Elends. Zunächst vorgegeben, dann zu errichten, am Ende sich verschleißend: So ist der Körper beschaffen.

Abdruck

Nachdem ich so lange gekämpft habe, kann ich die Auswirkung des Alters auf meine Fähigkeiten als Radfahrer nicht mehr ignorieren, jetzt, da es mich fast gewaltsam in seinem Maul gepackt hält und zwingt, seiner grässlichen Fratze ins Gesicht zu blicken, spüre ich Schmerzen hier und Schmerzen da, trainiere nur noch unregelmäßig. Es bleibt auf der Zunge ein trauriger Beigeschmack, den ich immer noch zu leugnen versuche. Manchmal noch nehme ich mir begeistert vor, alles stehen und liegen zu lassen und loszurollen, als sei noch alles möglich, um vor dem Grauen zu fliehen, die eigenen Schritte zählen zu müssen. Hundert Kilometer pro Tag oder gar nichts. Grüne Bohnen, kein Wein mehr. Dann bringt mich natürlich das Bad der täglichen Sorgen wieder zur Vernunft, wie das Meer, das sich mit einer lässigen Welle den Schiffbrüchigen zurückholt, der geglaubt hatte, er könne sich auf dem Sand wieder aufrichten und von neuem aufbrechen zur Eroberung seiner alten Hoffnungen. Das Meer rollt über mich hinweg und wäscht mich aus. Immerhin, in den seltenen Momenten, da es ihm gelingt, seine Schmerzen auf dem Strand zu trocknen, überrascht mich mein Körper manchmal noch. Ich bleibe meinen kleinen Riten treu. So kommt es immer noch vor, dass ich mich nach einem Radrennen im Fernsehen aus Angst, den Augenblick der Inspiration verstreichen zu lassen, auf mein Rad stürze, wie jemand, der ein Stück Papier in seiner Tasche sucht, weil er eine Idee notieren möchte, die sonst sicher verlorenginge. Und das funktioniert ziemlich gut. Natürlich hält das Gefühl nicht lange vor, aber für ein paar Kilometer, für eine Stunde, ahme ich mit einer gewissen Seligkeit die hochmütigen Silhouetten der Champions nach. Beinahe wie ein Verletzter führe ich meine beiden Hände ans Gesicht, als könne ich vom Grund meiner Augen die Bilder verlieren, die meinen Beinen die richtige Haltung vorgeben. Ich fürchte das Ende des Zaubers. Es lässt nicht auf sich warten. Ich weiß auch, dass in den kommenden Jahren zum Zurücklegen der angestrebten Distanzen eine immer größere Zahl an Bildern notwendig sein wird. Ich weiß, dass ich meine kleinen spirituellen Übungen hartnäckig praktizieren muss, um mich leibhaftig daran zu erinnern, was es bedeutet, ein Radrennfahrer zu sein. Vielleicht überraschen Sie meine kleinen Versuche, das Spektakel zu verinnerlichen. Ich würde nicht beschwören, dass sie nicht auf einigen Trugbildern beruhen. Aber sehen Sie, auf diesem Weg, dessen Fallen ich zu fürchten beginne, trösten diese mich unendlich mehr als jene Zahlen, die die Selbsttäuschung unterfüttern, indem sie vorgeben, die Leistung zu messen.

Der körperliche Verfall regt dazu an, sich andere Gipfel zu erfinden, ohne die das Leben unerträglich wäre. Ich komme also zu dem Punkt, an dem ein jeder sich umdreht und die unleserlich gewordene Spur seines zurückgelegten Weges betrachtet und sich mutig davon überzeugt, dass er beginnt zu begreifen. Dennoch fällt es mir schwer, eine Vorstellung davon zu gewinnen, welche dieser Bemühungen eigentlich fortdauert und welche Spuren sie in meinem Körper hinterlassen, wenn er völlig unfähig sein wird, sie zu wiederholen. Auch unter der Annahme, der Geist bliebe völlig klar, wird der Umstand, keinen Pedaltritt mehr zu tun, meine Existenz als Überrest begründen.

Vom Radrennfahren möchte ich dasselbe behaupten, was Leonardo über die Malerei sagte: nämlich, dass es *cosa mentale* sei. Seine körperliche Dimension ist zweitrangig. Während der Sport sich heutzutage überall als eine mathematische Sprache äußert – zumindest versucht er es – und man die

Leistungen der Radrennfahrer mit einem gewaltigen Quantifizierungsapparat ermittelt, sie ständig mittels Zahlen evaluiert, verwechselt man dabei die Tat lediglich mit der hinterlassenen Spur, das Werk mit seiner Verdinglichung. Gewiss sind Zahlen für Trainer sehr geeignet, aber was auch immer sie als Werkzeug taugen, so vollzieht sich in dieser Obsession doch ein seltsamer Vorgang der Einbalsamierung. Es ist, als wäre die Messung der Leistung realer als die Leistung selbst. Als natürlicher Feind des Wortes (diesem endlosen Differenzierungsvorgang, aus dem sich Sinn erzeugen lässt) neutralisiert eine Messung die Möglichkeit der Erzählung. Aber die sich ereignende Leistung und ihre Aktualisierung werden von nichts anderem erzeugt als vom mentalen Zustand des Radrennfahrers: Ein Baumvorhang vor grauem Himmel, eine flüchtige Erinnerung, das Gefühl der heiligen Muskelhitze sind dessen sehr reale Bestandteile. Das Treten der Pedale stellt einen Sinn her, nicht mehr, aber auch nicht weniger. Es bedeutet, auf privilegierte Weise den Ort in uns zu bewohnen, aus dem die Bilder entspringen. Dass dieser gedankliche Prozess Energie im physikalischen Raum freisetzt, ist unwichtig. Und Radrennen sind ebenso wenig ein Sport, wie die Gemälde Caravaggios hübsch sind, mit solchen Albernheiten muss Schluss sein.

Nicht, dass es keinen Zusammenhang zur Schönheit gäbe. Im Gegenteil, sie liegt in der Natur der Sache. Ich habe immer geglaubt, dass ein ungelenker Radrennfahrer nicht vorankäme. Dass effiziente Radrennfahrer, selbst wenn diese nicht zwangsläufig identisch mit den besten sein müssen, immer auf ihre Weise eine große Eleganz ausstrahlen. Und dass schließlich der Anblick des Pedalierens ein wenn nicht gleich identisches, so doch der Empfindung von Schönheit zumindest verwandtes Gefühl hervorruft. Indes gibt es immer einige Ausnahmen, die, wie man sagt, die Regel bestätigen.

Die Ausnahme ist nicht unbedeutend, denn Christopher Froome, der beste Fahrer der Tour de France der vergangenen Jahre, ein Athlet von unbestrittenen Fähigkeiten, ist als Stilbeispiel eine Parodie, die dem ikonischen Wert des Champions schadet. Wo er am gefährlichsten ist, ist er auch am hässlichsten. In Anstiegen scheint seine offensichtliche Überlegenheit sogar Gesetzen des Sehens zu widersprechen. Seine Hände ruhen auf dem Lenker, während er mit weit ausgestellten Armen in die Pedale tritt, eine Schulter hängt tiefer als die andere, ein Ellenbogen ist stärker als der andere angewinkelt. Man erwartet immer, ihn ausscheren und aus dem Sichtfeld der Kamera entschwinden zu sehen. Mit seinen dürren Armen und den rechtwinklig nach außen gedrehten

Ellenbogen könnte man ihn für eine Spinne halten. Wenn er für einen Moment seinen Blick auf die Füße senkt und dann den Kopf wieder hebt, gerät das Gesicht aus der Achse, und wenn er mit der für ihn üblichen schwindelerregenden Kadenz beschleunigt, kann er sich im Wiegetritt nicht ganz aus dem Sattel aufrichten. Man könnte schwören, seine Pedale drehten im Nichts. Seine Brust streckt sich nicht durch und sein Kopf steckt immer ein wenig zwischen den Schultern, eine kauernde Haltung, die stets den Eindruck eines leichten Unbehagens vermittelt. Froome ist eine stilistische Häresie, die gegen mein Glaubensbekenntnis des »*Kalos Kagathos*« oder der »schönen Effizienz« verstößt, demzufolge der Stil alles ausmacht.

Auch wenn er nicht mehr sein gefährlichster Rivale ist – seine beste Zeit liegt eindeutig hinter ihm – bleibt Alberto Contador die Antinomie von Chris Froome. Nicht nur weil er ein katholischer Südländer ist, während Froomes Überlegenheit einer angelsächsisch-protestantischen Kultur entstammt, die inzwischen weltweit den Radsport im Griff hat. Von der reinen Bewegung her bilden ihre Stile einen Gegensatz. Wo Froome selbst dann in Schwierigkeiten scheint, wenn er seine Gegner stehen lässt, verliert Contador auch bei einem Einbruch nichts von seiner schrecklichen Eleganz. In diesen furchtbaren, für alle

Radfahrer endlosen Momenten, wenn er sich an eine Gruppe hängt, deren Tempo er nicht mitgehen kann, bemerkt man allenfalls, dass die Bewegung des Rades unter ihm leicht stockt. Wenn er Herr des Geschehens ist, schwingt er sich zu endlosen, unglaublichen Beschleunigungen im Wiegetritt auf. Dabei ist die Schwingung seines Rades ein Wunder an Geschmeidigkeit. Diese fließende Schaukelbewegung. Um das Epizentrum, das seine Füße satellitengleich in einer so gleichmäßigen Bewegung umkreisen, dass es kaum möglich ist, die einzelnen Phasen der Pedalumdrehung zu unterscheiden, wiegen sich seine beiden Räder von rechts nach links und ziehen in einer vollendet natürlichen Gleitbewegung über die Straße. Lebhaft und schnell gleitet sein Rad wie eine Schlange dahin. Wenn Alberto einbricht oder es ihm schlechter geht, scheinen aus diesem Bad vollendeter Kontinuität nur einige wenige binäre Elemente aufzuragen. Mehr nicht. Dann wird die Bewegung des Rades etwas ausschweifender und er benötigt auf der Straße mehr Platz. Aber diese Brüche bleiben unmerklich wie Entwürfe. Sie vollziehen sich nie ganz.

Pässe bezwingen, das ist ihr Fachgebiet. In dieser Disziplin sind sie überragend. Doch diese Übung verlangt eine sehr spezifische Anstrengung und zudem ebenso viel Feingefühl wie Entschlossenheit. Ohne die von Trainern angewandten Intensitätsbereiche hier ersetzen zu wollen, sei es gestattet, uns eine »polarisierte« Vorstellung der Intensität zu machen und anzunehmen, dass ihr erster Grad einem netten Radspaziergang entspricht und der letzte, der siebte Himmel (übrigens umfasst die in Frankreich von Trainern am häufigsten angewandte ESIE-Tabelle zur subjektiven Bewertung des Intensitätsniveaus genau sieben Stufen) einer wahren Energieexplosion, dem reinen Freudentaumel des Sprints. Während Belastungen, die man stundenlang ertragen kann, Fahrer in einen fast litaneiartigen Zustand duldsamer Wiederholung versetzen, gleichen jene, die man nur wenige Sekunden erträgt, einem Schrei.

Es liegt auf der Hand, dass eine ansteigende Strecke für dieses relative Erleben von Zeit geradezu paradigmatisch ist – fünf Stunden Fahrt dauern manchmal nicht »länger« als die mörderischste Minute des Rennens, in der alles aufs Spiel gesetzt wird und kippt. Und die Behauptung, dass eine Minute oder fünfzehn Sekunden eine Ewigkeit dauern, ist nicht nur eine Redensart. Zwischen den beiden Polen der Intensität erfolgt eine Umkehrung der Ewigkeit, bei der die Linearität der Außenwelt in eine innere Vertikalität des absoluten Augenblicks umschlägt. Ein Übergang von der Tiefe des Visuellen zur spirituellen Tiefe im Ausnahmezustand der Höchstleistung. Es wird niemanden überraschen, dass dieser Prozess eine Übergangszone heftiger Turbulenzen beinhaltet (Experten teilen sie in drei Kategorien auf: »kritisch«, »überkritisch« und »submaximal«), die eine einzigartige mentale Kapazität verlangt. Eine geistige Spannkraft, mit der man Herr seiner Gemütszustände bleibt. Es handelt sich darum, mit äußerster Unnachgiebigkeit über mehrere Minuten die Nebenwirkungen des anfänglichen Brüllens zu bändigen, das von der Gewalt ausgelöst wird, die man dem eigenen Körper zufügt. Die dafür notwendige Aggressivität muss so gleichmäßig wie möglich verwaltet werden – denken Sie an die Reihen angespannter Kinnladen am Fuße eines schweren, langen Anstiegs –, es dient dazu, den Anfängen des Schmerzes zu wehren und ihm dann zu widerstehen. Man muss wütend werden. Rot vor Wut, aber nicht zu rot. Die Schwierigkeit liegt nämlich darin, in einem andauernden Zwischenzustand zu verharren, was einigermaßen beklemmend ist. Diese Bissigkeit ist notwendig, sich aber zu vergessen, wäre fatal. Man muss seinen Schmerz an die Grenzen des Erträglichen führen (und gleichzeitig, wie wir weiter oben sagten, vermeiden, ihm frontal entgegenzutreten), und das geht nur mit der Flamme einer gewissen Wut, die sich nicht verselbstständigen darf. Die geringste Fehleinschätzung, der leichteste Überschwang (einer Laune, das Wort ist angebracht) würde den Mann der

Schmerzen zum Scheitern verurteilen und zum sofortigen Einbruch führen. Und so sieht man dann völlig entfesselt wirbelnde Fahrer plötzlich ins Stocken kommen, sich unvermittelt setzen, schwer in den Sattel zurückfallen und nur mehr auf der Stelle treten, flügellos. Von einer Sekunde zur anderen hat der Tänzer in den Pedalen das Gefühl, wie an einem Fliegenfänger am Hang festzukleben.

Wie er so zwischen dem Schmerz, der ihn in die Zange nimmt, und dem drohenden Abgrund des Einbruchs, zwischen verzehrender Flamme und dem Schwindel des Sturzes vorwärtskommt, spielt der Fahrer, der sich dieser Sonderdisziplin hingibt, eine sehr heikle Partitur. Mit voller Kraft einen Pass hinaufzufahren, erfordert den Einsatz des Körpers – keine Frage –, grundsätzlich aber ist es eine spirituelle Übung. Eine spirituelle Akrobatik. Der begnadete Kletterer vollzieht mehr als nur einen Ritt auf der Rasierklinge, er duldet in sich die Koexistenz widersprüchlicher Neigungen, bewegt sich im Spannungsfeld von Wut und Bescheidenheit. Hin- und hergerissen zwischen antiker Hybris und christlicher Demut, kennzeichnet ihn eine demütige Maßlosigkeit. Daher die tragischen Masken, der grimmig verzerrte, untröstliche Ausdruck, alles spontane und zusammenhanglose Formen von Wut und Leid, homerischen Wallungen und resigniertem Märtyrertum.

Da es keine Seele ohne einen Körper gibt, versteht sich von selbst, dass die Natur in einer sie derart entblößenden Anstrengung besonders den Stil unterstreicht. So ungelenk Froome auch wirkt, stehe ich dem ästhetischen Aspekt seiner unglaublichen Beschleunigungen nicht ungerührt gegenüber. Seine Reiherschenkel wirbeln in einem ungewöhnlich hohen, fast lächerlichen Tempo und ich kann sein Wackeln mit dem Kopf nur bemitleiden. Wenn jedoch einige Sekunden später sein Angriff ins Rollen gekommen ist und er Vollgas geht, fühle ich mich gerührt. Sicher, seine Antritte sind weniger schneidend, nicht so deutlich, weniger roh, aber nicht weniger rein. Er geht mir nicht so tief ins Gedärm, er zwingt mich einfach nicht in dem Maße in die Knie wie der Anblick der großen Ästheten des Radsports, wie die eines Praxiteles würdigen Meisterwerke der Disziplin, namentlich Anquetil, Merckx und De Vlaeminck, Vandenbroucke und auf seine Art Contador. Kein Blitzschlag. Hier überflutet es mich ganz allmählich, befreit sich von seiner visuellen Schale, nachdem der Brite mit dem eigenartigen Pedaltritt einige Kehren in vollem Tempo genommen hat. Ich rede hier nicht von einer Schönheit des Augenscheins, sondern von etwas, was weniger die Körperwelt als vielmehr eine Form von Empathie anspricht. In meinen »Augen« ist Froome schön, weil er schnell ist, und ich fühle – mit halb geschlossenen, da beinahe überflüssigen Augen –, welch ungeheures Vergnügen er dabei empfinden muss. Ich genieße durch ihn, weil ich mir vorstellen kann, was er fühlt. Ich fühle den Lenkerbogen in der Mitte meiner Handballen, meine Füße, wie sie die Carbonsohlen der Schuhe hochreißen, und die Vibration der Straße, ich spüre die Steigungsprozente des Ventoux, und dieser wahnsinnige Schub reißt mich durch meinen Bauch und die Nieren mit. Fast könnte ich in voller Untätigkeit außer Atem kommen.

Im strengen Sinne des Begriffs praktiziere ich dabei Exerzitien der Hingabe, die eine gewisse Ähnlichkeit mit denen aufweisen, die Ignatius von Loyola empfahl und der Ursprung einer ganzen Bildsprache waren, die als Unterstützung gedacht war. Gemälde, Bilder als Halt, als Ansatzpunkte für die zu erbringende Leistung. Mit dem Unterschied selbstverständlich, dass ich weniger mit Christus leiden, als die Freuden des Champions teilen möchte.

Diese hybride Praxis des Blicks koppelt die physikalischen Ergebnisse des Sehens mit denen der Vorstellung. Am Verbindungspunkt der beiden Sichtweisen des Schönen entstehen diverse Theorien der Wirksamkeit von Schönheit, die vielleicht nicht ganz an den Haaren herbeigezogen sind. Obschon es an

Wahnsinn grenzt, wenn etwa den Nazis ihre eugenische Besessenheit einflüsterte, die Umgebung arischer Frauen mit griechischen Statuen zu versehen, damit sie »schöne« Kinder zeugten, so kann man der aktiven Kontemplation einen gewissen Einfluss auf unsere Fähigkeiten nicht absprechen.

Mehr als einmal habe ich es überprüft: Mit gesenkten Augenlidern einen Abschnitt des Rennens ansehen, so dass vom Bild nur noch die Umrisse der Bewegung selbst sichtbar sind und in gewisser Weise nur das Wesen der Bewegung, seine depersonalisierte Form, übrig bleibt, hat meine eigenen Bewegungsabläufe verbessert. Und einen Teil meiner Fortschritte schulde ich wahrscheinlich (von meiner Begeisterung ganz zu schweigen) der fantastischen Motorik der Champions. Als Jugendlicher trainierte ich umso härter, nachdem ich Hinault bei seinem WM-Triumph in Sallanches gesehen hatte und Fignon nach L'Alpe d'Huez hinaufstürmen, ohne sich in den Spitzkehren auch nur eine kleine Pause im Freilauf zu gönnen! Die wilden Höchstleistungen von Fahrern auf EPO stellen in dieser Hinsicht keine Ausnahme dar. Mayo war am Ventoux wundervoll. Ullrich hinauf nach Arcalis, Pantani, Bartoli, Vandenbroucke an der Côte de la Redoute, immer und immer wieder. Die Liste ist lang. Ich habe ebenfalls, nicht »im Kopf«, sondern vielmehr im ganzen Körper, die höllische Leistung von Peter

Van Petegem (man filmte ihn von hinten und sein Hinterrad hüpfte und schwamm auf den Pflastersteinen) auf dem Pavé-Sektor Carrefour de l'Arbre erlebt, und ich weiß, dass, jedes Mal wenn ich dort wieder vorbeikomme, diese Erinnerung mir helfen wird, die richtige Position zu finden. Diese Bilder sind meine »Leitgedanken«. Alles durchaus bekannt, aber nichtsdestoweniger sehr erstaunlich. Ich kann mir vorstellen, dass die Neurologen darauf eine feinjustierte Antwort in Form von »Spiegelneuronen« haben, dass die Psychologen und Trainer verschiedene Methoden der Autosuggestion und Visualisierung erwähnen. Man spricht jedoch zurecht von der Macht der Bilder, soll heißen, von einer unmittelbaren Wirkung ihrer Bedeutung auf den Körper.

Sicher ist es einfacher, den Dämon des Radsports zu empfangen, wenn man damit wie ich einige Erfahrung hat. Weil die Bresche schon geschlagen ist, die Spur schon vorgezeichnet. Ich träume immer noch von meinen vergangenen Rennen und ehrlich gesagt erlebe ich vor allem Ängste. Vom Grund meines Schädels bei geschlossenen Augen spüre ich den Regen gegen meine Wangen peitschen und meine Oberschenkel reiben sich an den durchnässten Shorts, ich fühle meine Hände auf dem Lenker taub werden und halte den angespannten Nacken leicht schräg, als Gegengewicht zum Seitenwind und im Kampf gegen die sanfte Schulter meiner Freundin, die mir in der Windstaffel den Platz streitig macht. Ich wache nachts durchgeschwitzt und verzweifelt auf, angewidert vom Geruch der Wärmesalben und der Jodtinkturen, und an der Decke strampeln unzählige Waden aus leuchtendem Schaum, die sich im Hin und Her, das mein Leben regelt, entfernen. Ich bin allein. Das Peloton ist fort und ich muss, in vitro von ihm getrennt, mit mir selbst auskommen. Ich schlage das Laken zurück und fahre mit den Händen über den verlorenen Körper, die abgeschlafften Oberschenkel, den fetten Bauch und die struppige Brust, sogar die Haut unterhalb der Hoden ist nicht mehr dieselbe, dieses seidige Viertel, das die Kilometer poliert haben und das ich gern scherzhaft erwähnte, wenn ich von meiner Form sprach. Beinahe könnte ich heulen, aber kaum ist die Überraschung des Erwachens vorüber, fühle ich, wie er wieder seinen Platz einnimmt, hier in der Dunkelheit meines Zimmers, in der Höhlung meiner Lungen und um meine Knochen. Er richtet sich ein und ich versinke wieder in der Abwesenheit. Der Radrennfahrer in mir ist ein fester Abdruck. Auch wenn der Körper völlig dahinschmölze, wäre er noch da, so tief sitzt er.

Der Alte

Der Radverein, in dem ich begann, versammelte bei den ersten winterlichen Ausfahrten alle Altersgruppen und Kategorien. Korpsgeist, Kameradschaft und schließlich Brüderlichkeit. Für einige Trainingseinheiten überbrückten wir die Leistungsunterschiede, um ordentlich zusammenfahren zu können und im warmen Schoß der Gruppe übers gefrorene Land zu ziehen. Den Älteren begegnet man immer mit vorsichtiger Neugier, vom Gedanken verängstigt, irgendwann selbst an der Reihe zu sein, aber gleichzeitig beruhigt ihre Anwesenheit und Präsenz, denn ein Altersunterschied lässt sich nicht verringern.

Ich erinnere mich da an einen Mann, dessen Namen ich nennen möchte, denn ich sah in ihm eine Art Spiegel: Ich stand am Beginn meiner Karriere, wenn dieser Ausdruck erlaubt ist, während die seine nach eigener Aussage hinter ihm lag. Dank der Mitwisserschaft eines befreundeten Arztes, der ihm trotz notorischer Herzprobleme die Lizenz abzeichnete, bestritt er weiterhin Rennen. Denn Vater Bretelle war Rennfahrer, nichts als Rennfahrer und ihn von der Teilnahme an Rennen abzuhalten, wäre einem Mord gleichgekommen.

An diesem Morgen muss es ihn aus dem Nichts übermannt haben, als er, wie immer in den vergangenen 45 Jahren, ein letztes Mal über sein Rad wischte (auf einem schmutzigen Rad trainieren ist eine Schande) und aus dem Fenster blickte. Die kleinen Schrebergärten unterteilten den Damm jenseits der Gleise, die blühenden Birnbäume schienen Licht auszuatmen.

Die Sonne, Quell alles Lebens und brünstiger Triebe,
gießt auf die erschaudernde Erde ihre glühende Liebe…

Dieser Mann war ein Lederriemen von einem Rennfahrer, einer, der nur gelebt hatte, um sich eine Rückennummer anzuheften. Er roch nach Kampfer und Holzfeuer. Aber wenn es etwas gab, an das er sich zu meinem nachhaltigen Erstaunen aus seinen längst vergangenen Schultagen erinnerte, dann waren es Gedichte. Alles Übrige hatte er vergessen – wenn man ihm sicher zugestehen wird, dass er lesen und rechnen konnte und keiner war, den man so leicht zum Narren halten konnte – oder aber er hatte es beim Radfahren oder von den Frauen gelernt. So zumindest behauptete er es. Alles vergessen, außer Gedichte. Nicht, dass er in der Lage gewesen sei, längere Werke zu rezitieren. Doch ab und zu fielen ihm während der Fahrt ein oder zwei Verse ein, vielleicht eine ganze Strophe, die er auswendig gelernt hatte, als seine Eltern noch lebten, als er noch ein Kind war und sein Auge lebhaft und klar. Und dann sah ich ihn mir an und seine Waden, die knotig wie ein alter Olivenbaum waren, und sagte mir, dass ich selbst vielleicht eines Tages dieses Aussehen haben würde. Dieses irrwitzige, endgültige Aussehen.

Jedes Mal, wenn er nach einer vorsichtig überrollten roten Ampel seine schöne Maschine wieder in Schwung brachte, klimperte in der Rückentasche sein Schlüsselbund. Sein ganzes Leben lang hatte er nur weiße Fahrräder besessen. »Meiner ersten Liebe bleibe ich treu«, sagte er und rollte mit seinem Glasauge, während er mit immer noch dem gleichen Vergnügen den Kopf senkte, um zu betrachten, wie sein Rad zwischen den erfahrenen Beinen hin- und herpendelte. Seine Knie hoben und senkten sich, als bewegten sie diese schwere Kette, die sich Glied um Glied quietschend über die Winde in die Nacht abwickelt, und aus dem Brunnen seiner Erinnerung stieg der Eimer auf, in dem er irgendeinen Schatz genauer Erinnerungen entdecken würde. Poesie, das war, noch einmal und immer noch, eine Sprache, und er legte Wert darauf, als jemand zu wirken, der in diesem Spiel nicht gut war. Seine Vorstellung von den Dichtern und das, was er mit ihnen teilte, war die Bewunderung des Frühlings. Das Ausschlagen der Triebe, das Aufplatzen der Knospen, der kräftige Duft der Erde am Morgen, der einen an der Gurgel packt. Alles, was Menschen an Poesie brauchten, war für ihn in diesem schmerzlichen Gefühl enthalten: Der Frühling ist großartig, er verschlägt einem den Atem. Und es ist die Jahreszeit der ersten Rennen.

An diesem Sonntag auf der Straße sang alles um ihn herum, das Licht fiel flirrend durch die zarten Blätter des Unterholzes und erzeugte den Eindruck, das Vorderrad drehe sich rückwärts, schneidig war der blaue Wind und frisch die Düfte. Nichts kündete von der Stagnation des Sommers und vom brennenden Marmor seines Himmels.

Er fuhr mit seinen Freunden, seinem Klub seit jeher. Die Arbeitersportjugend. Seine geröteten Wangenknochen – zwei Kirschen – unter den Fältchen der Lider, die seine Augen schützten, das lebendige und das tote zu gleichen Teilen. Er lächelte selig, mit dem kompletten Gebiss, wie eine Maske, mit erhobenem Blick das Laubwerk durchbrechend, in Richtung eines Gottes, an den er nicht glaubte. Der Frühling, der leere Himmel, der sich über die Landschaft breitete, er hätte über all das weder Reime machen wollen, noch es umarmen, nein, er wollte es geradezu verschlingen. Sich zum Bersten damit vollhauen. Den ganzen Himmel und seine Wolken einsaugen, ohne daran zu ersticken, samt den Bäumen und den zwitschernden Vögeln, die frische Erde und das Moos – allein das Glück und sonst nichts hätte ihn hindern können, es hinunterzuschlucken. Ich denke, er trug die Baskenmütze, mit der ich ihn immer gekannt habe, leicht schräg aufgesetzt, der kleine Bommel oben nie ganz mittig. Nie einen Helm, sein ganzes Leben nicht – außer im Rennen, wenn das Reglement es vorschreibt. Wenn er nicht selbst fuhr, begleitete er uns auf seinem uralten Motorroller. Mit einer Hand in der Tasche und der anderen am Lenker beobachtete er einen auf gleicher Höhe mit einer Eindringlichkeit, die seine doch so rudimentäre Prothese fast lebendig erscheinen ließ. Dann erzählte er Geschichten von Radrennen und Prostituierten, unter zustimmendem Kopfnicken, so als wären alle dabei gewesen und alle hätten sie gekannt.

Wie immer machte es ihn wahnsinnig glücklich zu fahren. Auch wenn das Tempo, das die Jungs, seine jungen Kameraden, vorlegten, ihm, dem Alten, nicht immer gestattete, aus vollem Halse zu lachen. Der Rennfahrer in ihm begann ein wenig nachzulassen, langsamer zu werden. Dennoch kein Grund, eine

Ausnahme von der Regel zu machen, die seine Existenz bestimmte. Also würde er sich genauso wie in den Vorjahren erst dann einen Urlaub genehmigen, wenn er ein Rennen gewonnen hatte. Mindestens eins, und sei es auch nur ein kleines. In den nächsten Wochen würde er ein wenig mehr trainieren. Mindestens drei Ausfahrten von hundertzwanzig Kilometern pro Woche, jawoll, und das Rad mit dem Starrgang wieder rausholen. Das war es, was er zum hundertsten Mal erzählte, während er, eine Hand auf der Schulter des Nebenmanns, mit dem er sich unterhielt, mit aufgerichtetem Oberkörper in die Pedale trat und das Vorderrad mit kleinen Beckenbewegungen steuerte.

Und da ist es passiert, SIE war gekommen, um ihn zu holen. Zunächst brachte sie sein Rad ins Schlingern. Er versuchte noch, den Lenker zu greifen, aber sie ließ ihn nicht mehr los. Er beschrieb mehrere weite und sanfte Schlenker, wie ein Clown, der seinen Sturz ankündigt, wenn er die kleine, hölzerne Umrandung der Manege streift, bevor er Hals über Kopf hinüberstürzt. Er schwankte, sie legte ihn zärtlich hin und legte sich auf ihn, Mund zu Mund. Da war er auf einmal ganz still. Seine nackten Beine auf der Straße, den Nacken badend in dem blauen Kraut, oder zumindest beinahe. Er lächelte immer noch, über die ganze Länge seiner Gestalt, die inmitten der hingeschmissenen

Räder seiner aufgeschreckten Kameraden lag. Er hatte sein Wort gehalten, oder vielmehr sie das ihre. Mors, die Todesgöttin, holte sich ihn am vereinbarten Ort, auf seinem ewigen weißen Rad, die Stunde spielte schließlich keine Rolle. Der Kreis ratloser Gesichter, das grüne, durchscheinende Laubdach, das Azur des Himmels und seine Schattenseite in absolutem Schwarz. Im Graben sein Rad, dessen Freilauf sich immer noch drehte und ein Klickern an sein Trommelfell warf, ein präzises Geräusch vor dem Hintergrund aus voller Kehle singender Vögel, den Wächtern der Welt.

Wie es heißt, haben auch seine Freunde Wort gehalten und ihn entsprechend für die letzte Gelegenheit eingekleidet: In Radhose und Vereinstrikot hat man ihn in die Kiste gelegt. Mit zwei Stück Fruchtkonfekt in den Rückentaschen – fürs Rennen. Er wirkte nicht toter als sonst, er sah ganz neu aus – im Paket fehlten eigentlich nur noch die Polsterchips aus Styropor.

Natürlich haben wir anderen alle versucht, uns in unseren Köpfen auszumalen, wie er über den schwarzen Fluss ans andere Ufer glitt, mit leicht gebeugtem Rücken und ungeduldigen Knien im Bootsheck neben seinem Rad sitzend. Baskenmütze auf dem Schädel, Fahrradhandschuhe an den Händen und an den Füßen weiße Socken, die in frisch gewienerten Detto

Pietros steckten. Schließlich vier Sicherheitsnadeln, die die Startnummer hielten – ich habe sie nicht erkennen können.

Danksagung

Bernard Chambaz gilt meine ganze Anerkennung – er weiß, was ich ihm schulde.

Und einen brüderlichen Dank an Philippe Bordas, der meinen Mühen ein Obdach schenkte.

Covadonga Verlag

Andreas Beune, Helmer Boelsen, Dino Buzzati, Daniel Coyle, Marijn de Vries, Jacques Faizant, Laurent Fignon, Paul Fournel, Renate Franz, Joe Friel, Hannah Grant, Jan Heine, Paul Kimmage, Philipp Köster, Tim Krabbé, Albert Londres, Benjo Maso, David Millar, Tim Moore, Graeme Obree, Kurt Stöpel, Dimitri Verhulst, Charly Wegelius, Peter Winnen. Das ist nur eine kleine Auswahl unserer Autoren. Radfahrer von Welt- und Kreisklasse, die dem Radsport eine literarische Stimme verleihen. Die kritischen Quer- und Vordenker aus dem Peloton. Radprofis, die anecken. Legendäre Reporter und große Humoristen. Die aufregendsten Chronisten der Jedermann-Szene. Internationale Koryphäen in Fragen Training und Fahrradtechnik... Sie alle schreiben für Covadonga. Meist über den Radsport, manchmal auch über seine nahen Verwandten.

Seit 2002 widmet sich der Covadonga Verlag in Bielefeld der Herausforderung, lesens- und sehenswerte Bücher in deutscher Sprache zu schaffen, die den Radsport zeigen, wie er wirklich ist. Mit allem an Fieber und Faszination, Witz und Wunder, Schönheit und Schande. Aktuell lieferbar sind knapp siebzig Titel rund um die Themenschwerpunkte Profi- und Hobbyradsport.

Radsportbücher im Covadonga Verlag

ISBN	*Titel / Autor*
978-3-95726-027-7	*Die Regeln. Kodex für Radsportjünger.* Velominati
978-3-95726-026-0	*Die Radfahrer Cartoons.* Dave Walker
978-3-95726-024-6	*Thomas Dekker – Unter Profis.* Thomas Dekker/Thijs Zonneveld
978-3-95726-019-2	*Tausend Kilometer Süden.* Walter Jungwirth
978-3-95726-018-5	*Die Trainingsbibel für Triathleten.* Joe Friel
978-3-95726-017-8	*Mit dem Klapprad in die Kälte.* Tim Moore
978-3-95726-013-0	*Pellegrina. Eine italienische Radsportwallfahrt.* Lidewey van Noord
978-3-95726-012-3	*Tourleben. Vier Jahrzehnte Radsportfotografie.* Hennes Roth
978-3-95726-011-6	*Das Grand Tour Kochbuch.* Hannah Grant
978-3-95726-010-9	*Auf der Straße.* David Millar
978-3-95726-009-3	*Die vierzehnte Etappe.* Tim Krabbé
978-3-95726-006-2	*Schnell und fit ab 50.* Joe Friel
978-3-95726-005-5	*Domestik.* Charly Wegelius
978-3-936973-98-3	*Radsporttraining mit der Methode Obree.* Graeme Obree
978-3-936973-97-6	*Gironimo!* Tim Moore
978-3-936973-95-1	*Beim Giro d'Italia.* Dino Buzzati
978-3-936973-93-8	*Frau & Rennrad.* Nynke de Jong/Marijn de Vries
978-3-936973-91-1	*Ein Mann und sein Rad.* Wilfried de Jong
978-3-936973-87-7	*Das Land der zweiten Chance.* Tim Lewis
978-3-936973-79-2	*Spinning ist was für Friseure.* Andreas Beune
978-3-936973-78-5	*Das Buch der Radsporttrikots.* Andreas Beune/Rainer Sprehe

ISBN	*Titel / Autor*
978-3-936973-77-8	*Unmöglich ist kein französisches Wort.* Jan Cleijne
978-3-936973-76-1	*Monolog einer Frau, die in die Gewohnheit verfiel...* Dimitri Verhulst
978-3-936973-74-7	*Meine Zeit.* Bradley Wiggins
978-3-936973-72-3	*Lötzsch. Der lange Weg eines Jahrhunderttalents.* Philipp Köster
978-3-936973-70-9	*Alles Rower? Ein Wessi auf Friedensfahrt.* Rainer Sprehe
978-3-936973-69-3	*Meisterwerke des Fahrradbaus.* Jan Heine
978-3-936973-68-6	*Sind wir nicht alle ein bisschen tri?* Lars Terörde
978-3-936973-66-2	*Albina und das Fahrrad.* Jacques Faizant
978-3-936973-65-5	*Die Liebe zum Fahrrad.* Paul Fournel
978-3-936973-60-0	*Der Schweiß der Götter. Die Geschichte des Radsports.* Benjo Maso
978-3-936973-58-7	*Dicker Mann auf dünnen Reifen.* Ulf Henning
978-3-936973-57-0	*Laktatexpress. Im Tal der Ortsschildsprinter.* Matt Gelpe
978-3-936973-56-3	*Barfuß auf dem Dixi-Klo.* Lars Terörde
978-3-936973-55-6	*Going Long. Triathlontraining für die Langdistanz.* J. Friel/ G. Byrn
978-3-936973-54-9	*Dein perfektes Rennrad.* Guy Andrews
978-3-936973-52-5	*Wir waren jung und unbekümmert.* Laurent Fignon
978-3-936973-50-1	*Die Trainingsbibel für Radsportler.* Joe Friel
978-3-936973-42-6	*Die kleine Radsportfibel.* Ben Hewitt
978-3-936973-40-2	*Das Trainingstagebuch für Radsportler.* Joe Friel
978-3-936973-39-6	*Alpenpässe und Anchovis.* Tim Moore
978-3-936973-37-2	*Die legendären Anstiege des Giro d'Italia.* Peter Leissl
978-3-936973-35-8	*Gute Beine, schlechte Beine.* Peter Winnen
978-3-936973-34-1	*Der vergessene Weltmeister.* Renate Franz
978-3-936973-33-4	*Die Geschichte der Rad-Weltmeisterschaft.* Helmer Boelsen
978-3-936973-29-7	*Put me back on my bike.* William Fotheringham
978-3-936973-26-6	*Kette rechts! Im großen Gang durch das unnütze Radsportwissen.*

ISBN	*Titel / Autor*
978-3-936973-25-9	*Bobkes Welt. Radsport auf die wilde Tour.* Bob Roll
978-3-936973-23-5	*Wir alle waren Götter.* Benjo Maso
978-3-936973-22-8	*Venga! Venga! Venga! – Die Macher des Radsports.* Klaus Blume
978-3-936973-21-1	*Girofieber.* Marco Pinotti/Gijs Zandbergen
978-3-936973-19-8	*Armstrongs Kreuzzug. Ein Jahr auf dem Planeten Lance.* Daniel Coyle
978-3-936973-17-4	*Did Not Finish. Der Radsport und seine Opfer.* Andreas Beune
978-3-936973-15-0	*Rik Van Steenbergen. Das Ass der Asse.* Walter Rottiers
978-3-936973-14-3	*Post aus Alpe d'Huez.* Peter Winnen
978-3-936973-13-6	*Mit dem Fahrrad zur WM. Von Kreuzberg nach Korea.* Felix Göpel
978-3-936973-10-5	*Tour de France.* Kurt Stöpel
978-3-936973-08-2	*Treffpunkt Tresen.* Walter Rottiers
978-3-936973-07-5	*Rennfahrerblut ist keine Buttermilch.* Andreas Beune
978-3-936973-03-7	*Raubeine rasiert. Bekenntnisse eines Domestiken.* Paul Kimmage